C.H.BECK WISSEN

in der Beck'schen Reihe

Mozart heute – ist uns ein Bild mit sehr verschiedenartigen Zügen. Für Liebhaber und professionelle Kenner «klassischer Musik» ist Mozart eine Ikone abendländischer Kultur, für Anhänger einer «modernen» Musikszene ist er ein Popstar des 18. Jahrhunderts, wieder andere sehen in ihm einen Impulsspender für eine multikulturelle Zukunft. Die Faszination ist jedenfalls eine erstaunlich allgemeine. Wir empfinden Mozart anders, als er in Filmen vor 50 Jahren erschien, und natürlich anders als seine Zeitgenossen, die sich so schwer taten, diesen «Meteor» zu begreifen. Jede Zeit, jeder Musiker und jeder Autor darf versuchen, die Fremdheit des Genies auf eigene Art zu bewältigen. Von diesem Gedanken ist auch eine kleine, sachliche Biographie wie die vorliegende geprägt. Sie bietet einen kompetenten Überblick über die wichtigsten Stationen im privaten, öffentlichen und künstlerischen Leben Mozarts.

Gernot Gruber lehrt als Professor für Musikwissenschaft an der Universität Wien, ist gewähltes Mitglied der Akademie für Mozart-Forschung (Internationale Stiftung Mozarteum Salzburg), des Joseph-Haydn-Instituts (Köln), ferner wirkliches Mitglied der Österreichischen Akademie der Wissenschaften. Die Erforschung von Leben, Werk und Rezeptionsgeschichte Wolfgang Amadeus Mozarts bildet einen seiner Arbeitsschwerpunkte.

Gernot Gruber

WOLFGANG AMADEUS MOZART

Verlag C. H. Beck

Originalausgabe

Gesamtherstellung: Druckerei C. H. Beck, Nördlingen
Umschlagabbildung: Ölgemälde Wolfgang Amadeus Mozarts
von Barbara Krafft, 1819, Photo: akg-images, Berlin
Umschlagentwurf: Uwe Göbel, München
Printed in Germany
ISBN 3 406 50876 6

www.beck.de

Inhalt

I. Wunderkind-Faszination

Über keinen anderen Komponisten von Rang, welcher Zeit auch immer, werden so viele Kinder- und Jugendbücher, Videos und auch kindgerechte Werkbearbeitungen gemacht und erfolgreich vermarktet. Dies ist doch merkwürdig. Es weist auf ein Bedürfnis von uns, aber auch auf etwas Charakteristisches hin. Einen Beethoven oder Bach, Wagner oder Debussy, Richard Strauss oder Strawinsky, einen Johann Strauß oder Andrew Lloyd Webber, sie alle kann man sich in dieser Rolle gar nicht vorstellen. Versuchten wir es dennoch, entstünde der Eindruck von etwas Unangemessenem, so als ob wir einen Künstler ins Lächerliche ziehen wollten. Warum ist dies bei Mozart so offensichtlich anders?

Natürlich fällt einem gleich die Antwort ein: weil Mozart schon als Kind, eben als Wunderkind, eine europäische Berühmtheit war und diese Tatsache nach wie vor einen Zauber auf uns Nachgeborene ausübt. Sodann kommt einem der muntere und spitzbübische, musik- und spielverliebte «Wolferl» in den Sinn. Doch es gibt auch gänzlich andere Bilder: Einen zarten, ruhigen, staunenden Knaben führt uns Klaus Kirschner in seinem Film «Mozart – Aufzeichnungen einer Jugend» (1975) vor Augen. Oder der sehr alte Goethe erinnert sich *«noch ganz deutlich … des kleinen Mannes in seiner Frisur und Degen»*. Wie gesagt, es sind Bilder, mit ihrer jeweiligen Geschichte. Selbst noch die durchaus naheliegende Kritik an ihnen, der Hinweis auf die Härte der Erziehung, die körperlichen Strapazen der Reisen und das Zur-Schau-gestellt-Werden wehrloser Kinder lebt von der Realität ihres Zaubers.

Der Begriff des «Wunderkinds» wird heute kritisch gesehen. Die Psychologie vermeidet ihn und redet von «Hochbegabungen». Solch Hochbegabte übertreffen das Gewohnte in ihrer Art, in der außerordentlichen Frühreife und in ihrer Leistungsexzellenz. Damit werden dem Zauber erklärliche Phänomene entgegengestellt. Das 18. Jahrhundert sah dies freilich anders. Scriver etwa beschreibt in seinem «Seelenschatz» 1737 das Wunderkind als ein *«vor allem für ein nach gaben und fähigkeiten ungewöhnliches, staunen erregendes kind, im grundsätzlichen anschluß an wunder»*. Der Fluchtpunkt damaliger Vorstellungen vom Wunderkind ist das biblische Bild vom wundersam geborenen Jesus. Von da her bekommt das niedliche Bild eines spielenden Kindes seine Würde. Diese Würde des Unerklärlichen bleibt auch trotz ihrer bohrenden Fragen im Bewußtsein der Aufklärer erhalten. Freilich ersetzen sie in ihren Diskussionen ähnlich wie beim Geniebegriff so auch hier «Gott» durch die «Natur». Mit hohem Respekt spricht ein Immanuel Kant von der *«Naturkraft im Genie»* und bezeichnet solch einen Menschen als einen *«Günstling der Natur»*.

Vor dieser Folie sind die tatsächlich historischen Wunderkinder des 18. Jahrhunderts zu sehen. Bevorzugt traten sie auf den Gebieten der Musik, der Mathematik und des Schachspiels hervor. Früher Tod (nach dem antiken Topos «Wen die Götter lieben, den nehmen sie früh zu sich») oder ein Versinken in Bedeutungslosigkeit im Erwachsenenalter gehörten zu den normalen Erwartungen an ein Wunderkind-Dasein. Arthur Schopenhauer drückte es später recht drastisch aus: *«Die Wunderkinder werden in der Regel Flachköpfe»*.

Das Besondere an Mozart ist, daß er diese düstere Erwartung nicht erfüllte. Das hat die Zeitgenossen zunächst gar nicht so beeindruckt wie uns. Seine Faszination als Wunderkind damals wie heute liegt jedoch in seiner musikalischen Originalität. Für uns ist sie nur in seinen kindlichen Kompositionen erklingend nachvollziehbar. Alles Übrige bleiben Bilder und Erzählungen.

Vater Leopold Mozart fühlte sich verpflichtet, *«der Welt ein Wunder zu verkünden, welches Gott in Salzburg hat lassen gebohren werden. Ich bin diese Handlung dem allmächtigen Gott schuldig, sonst wäre ich die undanckbarste Creatur: und wenn ich iemals schuldig bin die Welt dieses wundershalben zu überzeugen, so ist es eben ietzt, da man alles, was nur ein Wunder heist lächerlich machet und alle Wunder widerspricht. Man muß sie demnach überzeugen: und war es nicht eun grosse freude und ein grosser Sieg für mich da ich einen voltairianer mit einem Erstaunen zu mir sagen hörte: Nun habe ich einmahl in meinem Leben ein Wunder gesehen; dass ist das erste!»* (vermutlich meinte er Melchior Grimm). Hier spricht ein Betroffener, aber auch ein handeln Wollender, der bestimmte Absichten verfolgt. Die gottergebene Wundergläubigkeit ist überzogen dargestellt, sowohl in Hinblick auf die Aufklärung allgemein sowie als das Bekenntnis eines gebildeten, modern gesinnten Menschen, der Leopold Mozart ohne Zweifel war. Er hatte wohl andere Adressaten anvisiert, war er doch am fürsterzbischöflichen Hof in Salzburg beschäftigt. Mozarts Wunderkind-Ruhm basiert auf seiner staunenswerten Begabung und deren Förderung durch einen strategisch denkenden, klugen und musikalisch sehr kompetenten Vater. Für die kindliche Phase läßt sich das eine vom anderen nicht trennen. Die richtige Förderung zu finden ist ebenso ein Glück, wie eine besondere Begabung zu haben. Solch ein Zusammentreffen nachträglich zu beurteilen und nicht bloß als Faktum hinzunehmen, löst immer die Suche nach Gründen aus. Große Musiker stammen häufig aus Musikerfamilien (bei Dichtern sind ähnliche Deszendenzen dagegen selten). Das klassische Beispiel bietet die Familie Bach. Dennoch macht es wenig Sinn, hier die Vererbungslehre gegen die Milieutheorie auszuspielen (wie in dem «Nativisten»-«Environmentalisten»-Streit der letzten Jahrzehnte). Denn das Erbe, das ein Sohn Johann Sebastian Bachs in sich getragen haben mag, trifft auch auf ein musikerfülltes Milieu. Bei Mozart war die Konstellation ohnehin anders. Weder Mutter noch Vater stammen aus Musikerfamilien. Musikalische Begabungen äußerten sich noch eher bei Vorfahren mütterlicherseits. Für Mozart und seine Schwester prägender waren sicherlich das Naturell der Eltern und das Milieu, in das sie hineingeboren waren.

Beide, die Mutter aus Salzburg bzw. aus dem Salzburgischen St. Gilgen und der Vater aus Augsburg, stammten aus wohlsituierten bürgerlichen Familien. Über Leopold Mozart wissen wir viel, über dessen Ehefrau Maria Anna, geb. Pertl, wenig. Allein schon darin spiegelt sich das damalige Rollenverständnis von Mann und Frau in einer Ehe. Bescheiden und leutselig, eine kluge und tüchtige Hauswirtin, voll Wärme und auch mit nüchternem Hausverstand, Kinder und Vater umsorgend: So gestaltet sich unser unscharfes Bild von ihr. Als sie 1778 verstarb, hob Leopold Mozart gegenüber seinem Sohn als ihr besonderes Charakteristikum hervor: *«Deine liebe selige Mutter war von Kindheit an bekannt und allerorten geliebt, denn sie war mit allen freundlich und beleidigte keinen Menschen.»* Das konnte von Leopold Mozart niemand behaupten. Er war selbstbewußt und streitbar, strebte nach Höherem, fühlte sich in Bildung und moralischer Lebenshaltung seinen Musikerberufskollegen überlegen und ließ sie dies auch spüren. Er stammte aus der freien Reichsstadt Augsburg, besuchte dort das Jesuitengymnasium, ging dann aber nicht, was naheliegend gewesen wäre, an die Jesuitenuniversität Ingolstadt, sondern an die der Benediktiner nach Salzburg, der Residenzstadt eines geistlichen Fürstentums. Nach dem Bakkalaureat der Philosophie begann er ein Jura-Studium, aus dem nicht viel wurde. 1757 sagte er resümierend von sich, daß er *«bald nach abgelegten Studien der Weltweisheit und Rechtsgelehrtheit im Jahre 1743 in die hochfürstlichen Dienste trat»*. Leopold Mozart reihte sich damit in die stattliche Reihe jener Musiker – von Heinrich Schütz bis Karl Böhm – ein, die irgendwann doch der Juristerei davonliefen. Doch da wissen wir nicht genau, ob der Studienabbruch ein Sieg der Liebe zur Musik war oder seinen Grund in der Suche nach einer einigermaßen festen Anstellung fand, um so seine Liebe zu Maria Anna Pertl durch die Heirat besiegeln zu können. Im Rückblick formulierte er humorvoll, daß er 1747 *«in den Orden der Geflickten Hosen getreten und zu aigen mit meiner Frau Profession gemacht hatte»*. Es war eine Liebesheirat und blieb offensichtlich ein Leben lang eine glückliche Ehe. Sie galten als «schönstes Paar Salzburgs».

1756 erschien beim Augsburger Verleger Johann Jakob Lotter Leopold Mozarts «Versuch einer gründlichen Violinschule» in erster Auflage. Mit diesem Buch erreichte er damals international mehr Prestige als mit seinen Kompositionen. Noch heute zählt es zu den hervorragenden Instrumentalschulen des 18. Jahrhunderts. Es zeugt vom gründlichen aufführungspraktischen Wissen des Geigers, von didaktischem Geschick und der Systematisierungsfähigkeit, aber auch vom weiten Bildungshorizont Leopold Mozarts. All diese Eigenschaften und Fähigkeiten sollten durch den 1756 geborenen Sohn in unvergleichlicher Weise herausgefordert werden. Es ist einfach zu konstatieren, daß sich Musiker sehr häufig dazu gedrängt fühlen, sich intensiv um eine musikalische Ausbildung ihrer Kinder zu kümmern. So tat es auch Leopold Mozart bei seiner 1751 geborenen Tochter Maria Anna («Nannerl»). Diesen Unterricht bekam natürlich der fünf Jahre jüngere Wolfgang mit, und er mag ihn herausgefordert haben, sich einzumengen und seiner großen Schwester nachzueifern. Bei diesem an sich ganz gewöhnlichen Vorgang trat aber jenes «Wunder» einer Hochbegabung zutage, die Leopold Mozart bei dem etwa Vierjährigen sogleich erkannte. Er war überhaupt kein Schwärmer, sondern mühte sich um eine nüchterne Einschätzung der Situation und der damit verbundenen Chancen (etwas, das er später in unzähligen Briefen seinen Sohn zu beachten mahnte).

Sein Realitätssinn traf auf eine allgemeine weltanschauliche und gesellschaftliche Gestimmtheit der Zeit, die wir uns meist zu einfach in klaren Gegensätzen strukturiert vorstellen: Feudalismus und Klerikalismus in einem ancien régime versus Aufstieg eines nach Freiheit strebenden Bürgertums; hierarchisches Denken und christliche Dogmentreue versus einen sich gegen blanke Vorgaben und Systeme wendenden Geist der Kritik; Ausbeutung versus Kampf um die Menschenrechte; Wunderglaube versus Verstandeskult; Altes versus Neues in Wirtschaft und Industrie oder in der universitären Pflege der Wissenschaften. Die historische Wirklichkeit der Epoche vor der Französischen Revolution war aber sehr viel durchflochtener, ambivalenter und zeigte Paradoxien, die uns unverständlich erscheinen – zumindest solange, als wir nicht allzu Menschliches mitberücksichtigen. Viele der aufklärerischen Kritiker stammten selbst aus privilegierten Schichten, sie, aber auch die geringer

Geborenen, hatten einen ausgeprägten Drang, ihren Ideen zu öffentlicher Wirksamkeit zu verhelfen, und suchten folglich die gesellschaftliche Nähe der Mächtigen. Dies konnte nur funktionieren, weil «Aufklärung» selbst eine intellektuelle Mode war, von der sich auch Fürsten und geistliche Würdenträger, also die eigentlich von ihr Betroffenen, ‹irgendwie› angezogen, ja inspiriert fühlten. Ein treffendes Beispiel für solch merkwürdige Ambivalenzen bietet Leopold Mozarts erster Dienstherr, der Salzburger Fürsterzbischof Leopold von Firmian († 1744). Als hartnäckiger Protestantenvertreiber genießt er bis heute den Ruf eines Zeloten schlimmster Sorte, andererseits war er ein früher Förderer aufklärerischer Bestrebungen. So entstand eine Art Akademie in Salzburg, in der vor allem Gedanken einer Sonderform des Freidenkertums, des italienischen Illuminismo (Lodovico Antonio Muratori, Pietro Giannone) gepflegt wurden.

In dieser Welt also wurde Leopold Mozart zum Strategen des Wunderkind-Ruhms seiner Kinder. Mit feinem Gespür für jeweilige lokale Gegebenheiten setzte er dafür Fürsten, Kirche, prominente Musikerkollegen und Intellektuelle, darüber hinaus die entstehenden neuen Möglichkeiten einer musikalischen Marktwirtschaft und des Pressewesens gezielt ein. Was wir heute Öffentlichkeitsarbeit nennen, ist ein altes und in sich wandelbares Phänomen. Für Künstler und besonders für die Aufführungspraktiker unter ihnen wie Theaterleute, Sänger oder Instrumentalisten war und wird es immer herausragend wichtig sein, daß ihrem Auftreten eine Fama vorangeht, über sie geredet wird, ein potentielles Publikum welcher Gesellschaftsschicht auch immer eine bildhaft anschauliche Erwartung von ihrem Auftreten bereits besitzt. Selbstverständlich entfalten auch Wunderkinder auf diesem Wege einen Teil ihrer Faszinationskraft.

Es muß sich also etwas bewegen. Aber eine wirkungsmächtige Fama zu erzeugen und zu verbreiten, konnte kaum von einer alten und angesehenen, aber kleinen Residenzstadt eines wenig bedeutsamen geistlichen Fürstentums im Heiligen römischen Reich deutscher Nation aus geschehen. So mußte man auf Reisen gehen, und damit begannen vielfältige Probleme. Zunächst mußte man reisen dürfen. Welcher Dienstherr empfindet schon

Freude darüber, wenn ein Untergebener gleich mit der ganzen Familie auf Reisen gehen, aber in seiner Stellung bleiben will – alles verbunden mit der Erwartung, daß es im Falle eines Erfolges nicht bei einem solchen Reiseantrag bleiben wird. Aber Leopold Mozarts Fürst, der Erzbischof Siegmund Christoph Graf Schrattenbach, war ein verständnisvoller Mann. Das nächste Problem war der finanzielle Aufwand. Für ein Startkaptial kann man zwar vorsorgen, auch sind – vor allem bei kurzen Reisen auf bekanntem Terrain – gewisse Kosten für Fahrt, Unterkunft und Verpflegung kalkulierbar. Doch auch bereits in dieser Phase ist man auf Einnahmen angewiesen, die sehr viel schwerer, wenn überhaupt vorauszuplanen sind. Das nächste Risiko betraf die Erhaltung der Gesundheit. All diese Unwägbarkeiten waren nur durch kontinuierlichen Erfolg zu bewältigen. Um die Voraussetzungen dafür zu schaffen, bedarf es der richtigen Strategie.

Zwei Gesichtspunkte prägten Leopold Mozarts Handeln zu dieser Zeit. Der eine war die Maxime «vom Kleinen zum Großen»: Zunächst wähle man einen räumlich nahen und durch vorhandene Kontakte einigermaßen vertrauten Ort, plane mit geringem Aufwand und einen kurzen Zeitraum für den Aufenthalt. Hat das Erfolg, kann man mehr wagen und die Dimensionen in jeder Weise steigern. Ruhm und freilich auch Risiko werden gleichermaßen wachsen. Freilich konnte diese Rechnung nur aufgehen, wenn man das ständische Denken unter den obwaltenden gesellschaftlichen Verhältnissen in seine Planungen einbezog. Dies war Leopold Mozarts zweite Überlegung. So mutet es kühn an, war aber einzig richtig und erfolgreich, daß er gleich die Residenz eines Kurfürsten anvisierte. München lag auch nach damaligen Vorstellungen Salzburg relativ nahe und war in einer zweitägigen Reise erreichbar. Nachdem der fünfeinhalbjährige Wolfgang als Tänzer in einer Salzburger Theateraufführung seine Feuerprobe vor der Öffentlichkeit bestanden und Leopold Mozart schon zuvor Anfang 1761 in München geweilt hatte, wohl um das Terrain zu sondieren, reiste er mit seinen beiden Kindern (aber ohne seine Frau) am 12. Januar 1762 für drei Wochen nach München. Der Kurfürst Maximilian III.

Joseph empfing die Mozarts. Näheres ist nicht bekannt. Aber ein Zeichen, das nicht verborgen blieb und auf das man sich berufen konnte, war gesetzt.

Damit eine in höchsten Kreisen aufkommende Fama sich nicht allzu bald verläuft – und da für Wunderkinder ohnehin die Regel gilt ‹je jünger, desto besser› –, war Leopold Mozart bemüht, möglichst rasch den nächsten Schritt zum Erfolg zu machen. Eine europaweite Aufmerksamkeit garantierte ein Auftritt am Kaiserhof in Wien. Mit diesem Ziel vor Augen gelang es Leopold Mozart bereits am 18. September dieses Jahres, und diesmal mit der ganzen Familie, Salzburg in Richtung Wien zu verlassen. Erst nach über drei Monaten, am 5. Januar 1763, kehrte man zurück.

Die Hinreise erfolgte über Passau und von dort die Donau abwärts. Wolfgang gab an diversen Stationen Proben seines Könnens zum besten, um sozusagen dem Einzug in Wien eine Fama vorauseilen zu lassen. Der große Tag war der 13. Oktober 1762. Kaiser Franz I. Stephan und Kaiserin Maria Theresia empfingen die Familie Mozart. Leopold Mozart hat in einem Brief an die Salzburger Freunde das Ereignis anekdotisch so beschrieben: «*Wolferl ist der Kaiserin auf die Schoß gesprungen, hat sie um den Hals bekommen und rechtschaffen abgeküßt. Kurz wir waren von drei Uhr bis sechs Uhr bei ihr gewesen, und der Kaiser kam selbst in das andere Zimmer heraus, mich hinein zu holen, um die Infantin auf der Violin spielen zu hören.*» Die Auswirkungen waren enorm. Die Mozarts wurden in Adelshäusern herumgereicht. Solche Auftritte dauerten in der Regel zwischen anderthalb und drei Stunden. Darüber hinaus erwies sich der Empfang bei der Kaiserin als vorzügliche Werbung, auf welche die ganze Wunderkindzeit Mozarts hindurch immer wieder hingewiesen werden konnte. Die Macht des Bildes vom kleinen Wolfgang auf dem Schoß der Kaiserin wurde nicht zuletzt durch die Anspielung auf vertraute Bilder von der Mutter Gottes mit dem Jesuskind gefördert.

Das Glück der Familie Mozart blieb jedoch nicht ungetrübt. Selbst bei solch einem enormen Erfolg stellten sich die üblichen Schwierigkeiten von Wunderkindreisen ein. War der finanzielle

Ertrag der Auftritte bei der Aristokratie eher gering, so begünstigte die Überlastung zudem den Ausbruch einer Erkrankung Wolfgangs (Knotenrose, Erythema nodosum); durch diese wiederum wurde der zweite Auftritt in Schönbrunn beeinträchtigt. Immerhin – knapp vor der Abreise, datiert mit 25. Dezember 1762, erschien ein erstes panegyrisches Gedicht *«auf den kleinen sechsjährigen Clavieristen aus Salzburg»* im Druck. Dieses sehr werbewirksame Geschenk überreichte der Mäzen Thomas Graf Collalto anläßlich einer Soirée.

Nach der Heimkehr begann Leopold Mozart sogleich mit Vorbereitungen für weitere Reisen. Diese Pläne wurden durch ein Ereignis aus der großen Welt der Politik sehr begünstigt. Mit dem Frieden von Hubertusburg vom 15. Februar 1763 fand der Siebenjährige Krieg zwischen Österreich und Preußen sein Ende. Dieser Friedensschluß hatte auf ganz Europa eine beruhigende Wirkung, und den Zustand der damit einhergehenden Stabilisierung galt es zu nützen. So entschloß sich Leopold Mozart zum ganz großen Wagnis. Er beschloß eine Reise, die die Familie Mozart bis nach Paris und London führen sollte. Am 9. Juni 1763 verließ die gesamte Familie mit ihrem Diener Sebastian Winter im eigenen Reisewagen (mit wechselnden Postpferden) Salzburg und kehrte erst nach rund dreieinhalb Jahren am 29. November 1766 wieder zurück. Die sogenannte Westreise bildet in vielfacher Hinsicht einen Höhepunkt: sicherlich an Intensität und Verbreitung des Wunderkind-Ruhms, aber auch im Empfinden der Familienmitglieder, völlig aufeinander angewiesen zu sein, um die täglich neuen Fährnisse solch einer Unternehmung bewältigen zu können; und nicht zuletzt war diese Höhenwanderung durch die Kulturwelt des westlichen Europa auch eine Zeit des inneren Wandels Wolfgangs hin zu einer mehr und mehr hervorbrechenden und sich entfaltenden kompositorischen Kreativität (siehe dazu Kapitel 2). Das wirtschaftliche Risiko kann man erahnen, wenn man bedenkt, daß die Reise insgesamt etwa 20 000 Gulden gekostet hat. Kredite mußten an verschiedenen Orten der Reise einlösbar sein; dies zu gewährleisten, war von vornherein der Salzburger Freund und Hausherr der Mozarts, der Kaufmann Johann Lorenz Hagenauer, behilflich. Die Reise war freilich auch überschattet von Sorgen und existenziellen Ängsten, wie sie schwere Erkrankungen von Familienmitgliedern (so viel wir wissen, mit Ausnahme der Mutter) ausgelöst haben werden.

Der Weg nach Paris ist weit, und die Reise dauerte lang. Man erreichte die Stadt am 18. November 1763. Selbstverständlich wählte Leopold die Stationen des Weges so, daß sie gut für Auftritte und Kontaktnahmen genutzt werden konnten. Sie wiederum dienten der Pflege einer vorauseilenden Fama. Dies funktionierte auch, solange man sich in deutschen Landen befand, und wirkte sogar noch in den Habsburgischen Niederlanden, aber in Frankreich und speziell in Paris wurde ohne weiteres Zutun kaum wahrgenommen, was sich in Deutschland an Wunderkind-Sensationen ereignete. Die wichtigsten Stationen der Reise waren: München, Augsburg, Ulm, Ludwigsburg, Schwetzingen, Mainz, Frankfurt, Köln, Aachen, dann Brüssel und schließlich Paris. Das erste Ziel war also das bereits vertraute München mit seiner bayrischen Residenz. In geradezu schematischer Weise spiegeln Leopold Mozarts Aktivitäten das gesellschaftliche Spektrum wider. Primär ging es um Kontakte zu Fürsten. Die Mozarts wurden vom Kurfürsten Maximilian III. Joseph, vom Herzog Clemens von Bayern und vom Prinzen Karl August Christian von Zweibrücken empfangen und gefördert. Diese Förderung bestand etwa darin, daß Herzog Clemens Leopold Mozart ein Empfehlungsschreiben an den Kurfürsten Karl Theodor in Mannheim mitgab. Auch Ehrengaben erhielt der Vater Mozart – vom Kurfürsten 100 Gulden, vom Herzog Clemens 75. Darüber hinaus wurden auch Kontakte zu anderen Personen geknüpft, von denen man einige an weiteren Stationen wiedersah und die etwa bei finanziellen Transaktionen behilflich sein konnten; in München waren dies zwei sächsische Räte oder Kaufleute aus Hamburg und Frankfurt. Ähnliches galt für Kontakte zu Musikern. So traf Leopold seinen Schüler Luigi Tomasini wieder, der als Geiger in München konzertierte.

So aufregend all die bis zu diesem Zeitpunkt gewonnenen Eindrücke auch gewesen sein mögen, so betrat die Familie Mozart in Paris eine überwältigend neue und ihnen fremde Welt.

Frankreich war schon seit langem ein straff zentralistisch geführter Staat, dessen Fokus auf der Residenzstadt Paris lag. Unter anderen Voraussetzungen hatte Kaiserin Maria Theresia im Gegensatz dazu erst vor kurzer Zeit begonnen, ihr Territorium durchzuorganisieren und zu reformieren. Dies steigerte die Bedeutung Wiens. Aber jenes Wien, das die Mozarts 1762 kennengelernt hatten, war an Größe und in Hinblick auf seine zivilisatorische und kulturelle Bedeutung mit Paris kaum vergleichbar. Die ersten Eindrücke mußten bei der Familie Mozart auch so etwas wie einen Kulturschock ausgelöst haben.

Eine erste unangenehme Erfahrung in der fremden Metropole war die, daß Wiener und Brüsseler Empfehlungsschreiben in Paris wirkungslos blieben. Letztlich doch über heimische Kontakte fand man eine Unterkunft im Palais des bayerischen Gesandten Graf van Eyck (dessen Frau eine Tochter des Salzburger Grafen von Arco war) und sollte dort fünf Monate lang bleiben. Um seine Kinder im Kulturbetrieb plazieren zu können, mußte Leopold Mozart die gegebene Situation erfassen. Der Hof König Ludwigs XV. und sein Hofstaat in Versailles überstrahlten alles. Dennoch besaß das Kulturleben der Stadt Paris eine gewisse Eigenständigkeit. In ihren Salons trafen sich die aufklärerischen Intellektuellen und Künstler mit vielen am Zeitgeist interessierten Aristokraten. In Paris gab es aber auch ein sich mehr oder minder klar organisierendes Musikleben unabhängig von der Hofkapelle in Versailles. Theater und Oper kamen als Produktionsstätten für Mozarts Kinder nicht in Frage; doch gab es noch andere Institutionen, die Konzerte veranstalteten: Hierin lag ein Unterschied zu deutschen Städten. Zudem gab es ein Interesse für Musik und Künstler aus dem Ausland, deren Aktivitäten sich schon damals wie ein Netz über die Metropolen Europas spannten. Was es aber noch nicht gab, waren die heutzutage geläufigen professionellen Künstler-Agenturen. Leopold Mozart mußte die Frage beantworten, wie man Zugang zu diesen Künstlerstrukturen findet. Wie überall mußte auch hier ein Faden förderlicher Kontakte zwischen der bürgerlich-aristokratischen und der höfischen Sphäre angesponnen werden. So dauerte es anderthalb Monate, bis die Familie Mozart endlich nach

Versailles fahren konnte. Aber wie gelangte man ohne wirksame hochherrschaftliche Empfehlungen an eine Einladung nach Hofe? Der Weg erscheint heute skurril, ist aber für die damalige gesellschaftliche Situation bezeichnend. Der bereits erwähnte Melchior Grimm dürfte der entscheidende Mittler gewesen sein. Leopold Mozart nahm auf Empfehlung *«einer Kaufmannsfrau in Frankfurt»* Kontakt mit ihm auf. Grimm begeisterte sich für die beiden Wunderkinder, und er erwies sich als der richtige Mann, denn er war nicht nur ein angesehener Intellektueller, sondern auch der Sekretär des Herzogs von Orléans. In dieser Stellung und aufgrund seiner sensationellen Polemik gegen die französische Musik «Le petit Prophête de Boemisch-Broda» (1753) hatte er eine Schlüsselstellung im Pariser Gesellschafts- und Musikleben erlangt. Nicht minder wichtig aufgrund ihrer Kontakte und ihrer Begeisterung für die Mozart-Kinder war Grimms Geliebte Madame d'Epinay, die skandalumwitterte, dank ihrer Liaisons unermeßlich reiche und in allen künstlerischen und intellektuellen Bereichen präsente Grande Dame de Salon und vielbeachtete Schriftstellerin. Was so gut eingefädelt war, mußte schließlich doch ein hochgestellter Aristokrat ins Werk setzen: Nach Versailles gebracht wurden die Mozarts letztlich also von dem bei Hofe sehr einflußreichen Louis de Noailles Duc d'Ayen.

Die Christmette am 24. Dezember 1763 erlebten die Mozarts in der königlichen Kapelle und in großer Nähe zur königlichen Familie. Einen Höhepunkt an öffentlichem Ansehen erreichte die Familie Mozart im Rahmen des höfischen Geschehens am Neujahrstag. Die Art, in der damals eine königliche Familie ihre Huld den Untertanen bzw. den von ihnen geschätzten, ständisch niedrig gestellten Fremden erwies, ist uns fremd, doch waren die Ereignisse sicherlich nicht bloß amüsant, die Leopold Mozart in seinem Bericht schildert: *«das Ausserordentlichste aber schien den H: H: Franzosen, dass au grand Couvert, welches am neuen Jahrestage nachts ware, nicht nur uns allen bis an die königː tafel hin mußte Platz gemacht werden; sondern, daß mein H: Wolfgangus immer neben der Königin zu stehen, mit ihr be-*

ständig zu sprechen und sie zu unerhalten und ihr öfters die Hände zu küssen, und die Speisen, so sie ihm von der tafel gab, neben ihr zu verzehren die Gnade hatte. Die Königin spricht so gut teutsch als wir. da nun aber der könig nichts davon weis; so verdollmetschte die königin ihm alles was unser Heldenmütiger Wolfg: sprach. bey ihm stand ich: auf der anderen seyte des königs, wo an der seyte der M: Dauphin und Mad[le]*: Adelhaide saß, stand meine Frau und meine tochter.»*

Der Auftritt in Versailles und die königliche Audienz taten ihre Wirkung. Einladungen beim französischen Hochadel häuften sich. Wiederum waren es hochgestellte Damen (wie Adrienne-Catherine Comtesse de Tessé, die Geliebte des Prince de Condé oder Victoire-Marie-Anna de Savoie-Carignan), die zu rührigen Förderinnen der Mozart-Kinder wurden. Dies mochte auch mit mütterlichen Instinkten zu tun haben; Damen dieser Kreise waren aber freilich nicht selten versierte Musikerinnen, vor allem Cembalistinnen. Es lief also gut für die Mozarts, abgesehen davon, daß im Februar 1764 beide Kinder an einer schweren Angina erkrankten. Einen wirtschaftlichen Höhepunkt des Paris-Aufenthaltes brachte das von Melchior Grimm arrangierte öffentliche Konzert am 10. März 1764 im Theatersaal des Mr. Félix, Rue et Porte St. Honoré, mit einer Einnahme von 112 Louis d'Or. Wie öffentlichkeitswirksam solch ein Ereignis in Paris sein konnte, zeigte sich im Umstand, daß selbst in deutschen Zeitungen aus Bamberg und Wien über den Erfolg dieses Konzertes berichtet wurde. Überhaupt gewann fortan Gedrucktes als aufmerksamkeitssteigerndes Mittel zunehmend an Bedeutung – sei es in Form von Feuilletons oder Berichten, die offensichtlich vor allem von Melchior Grimm initiiert oder auch selbst geschrieben wurden, sei es in Gestalt der ersten verlegten Kompositionen Wolfgangs. Jedenfalls konnte Leopold Mozart gegen Ende des Paris-Aufenthalts seinen Salzburger Freunden verkünden: *«Nun sind wir mit allen Gesandten der auswärtigen Potenzen hier bekannt»* – dies galt gewiß auch für jenen aus England.

London war sozusagen das natürliche nächste Reiseziel der Mozarts. War doch dieses Zentrum eines großen Kolonialreiches in Wirtschaft und zivilisatorischer Entwicklung, in der gesellschaftlichen Konstellation mit einer selbstbewußten und reichen Aristokratie und einem ebenfalls selbstbewußten liberal gesinnten Bürgertum und mit einem vielfältigen, intensiven Musikleben, das auch eine respektvoll gepflegte Tradition der Instrumentalmusik und des Chorwesens besaß, ein faszinierender Ort für auswärtige Musiker. Zumal der eigenschöpferische Anteil am englischen Musikleben seit den Zeiten von Henry Purcell keine überragenden Leistungen aufzuweisen hatte. Daß damals der Deutsche Georg Friedrich Händel zur Ikone der englischen Musik geworden war und sein Ruhm weit über seinen Tod fortdauerte, war ganz und gar außergewöhnlich. Der in seiner Kunst, aber auch in seinem wirtschaftlichen Agieren überaus rege Händel erscheint wie eine Chiffre für die Zeitstimmung im damaligen London. In diese Stadt gelangten am 23. April 1764 die Mozarts und blieben, viel länger als in Paris, etwa eineinviertel Jahre. Die Vorgehensweise Leopold Mozarts erfolgte nach dem bereits bekannten Muster. Betrachtet man diese Zeit genauer, so lassen sich jedoch viele Unterschiede zum Aufenthalt in Paris feststellen. Die Familie Mozart lebte in London ohne hochherrschaftliche Anbindung; stattdessen nahm sie ihr Quartier bei einem Friseur. Wiederum anders als in Paris fand man sehr rasch und dank der Empfehlungen des Aufklärers Claude-Adrien Helvetius die Möglichkeit, bei Hofe empfangen zu werden. Der junge König Georg III. war sehr musikbegeistert, seine junge deutsche Gattin spielte Cembalo und, wie sich Joseph Haydn später ausdrückte, sang *«ganz leidlich für eine Königin»*. In der großen Öffentlichkeit waren die Mozart-Kinder stärker präsent, als dies in Paris der Fall war. Doch waren die Möglichkeiten in London auch ganz andere. Sie traten in eigenen Konzerten auf, wirkten bei von dritter Seite veranstalteten Konzerten und auch bei den diversen, in London schon früh üblichen Wohltätigkeitsveranstaltungen mit. Prominente Aufführungsorte waren das Haymarket Theatre, die Rotunda der Ranelagh Gardens bei Chelsea oder Hickford's Great Room und der Great Room in Spring Garden. Doch diese schöne Kette von Erfolgen wurde durch Krankheiten der Familienmitglieder schwer belastet. Im Mai 1764 erkrankte Wolfgang für etwa zehn Tage, viel gravierender noch war eine schwere Erkrankung Leopold Mozarts im Juli, die etwa einen Monat währte. Danach und während der Saison im Herbst und Winter kam die Karriere im Londoner Kulturbetrieb nicht mehr so richtig in Schwung. Daran änderte auch eine weitere Audienz bei Hofe im Oktober wenig. Es ist dies schwer zu begründen, aber vielleicht blieben die Mozarts einfach zu lange in London. Sensationen lassen sich nicht endlos perpetuieren. Im Frühjahr 1766 ging es immerhin wieder bergauf, und der Aufenthalt in London fand einen schönen Abschluß. Zu dieser Zeit lud der niederländische Gesandte Leopold Mozart zu einem Besuch in Den Haag ein.

Die Mozarts blieben erstaunlich lange – ein dreiviertel Jahr – in der Residenzstadt Den Haag und in Amsterdam. Wieder zeigt sich ein ähnliches Ereignismuster wie in den anderen Metropolen. Der junge Prinz Wilhelm V. von Oranien und mehr noch seine Schwester Prinzessin Caroline von Nassau-Weilburg waren große Musikfreunde und begeisterten sich für die Mozart-Kinder. Doch der am 10. September 1765 begonnene Aufenthalt in Den Haag stand zunächst unter keinem guten Stern. Schon bald nach der Ankunft erkrankte Maria Anna an dem unter den obwaltenden medizinischen Verhältnissen sehr gefährlichen Bauchtyphus und empfing im Oktober gar die Krankenölung. Kaum daß sich ihr Zustand Mitte November besserte, trat die Krankheit bei Wolfgang auf und plagte ihn bis in die Vorweihnachtszeit hinein. Erst gegen Ende Januar 1766 konnten beide Mozart-Kinder in einem öffentlichen Konzert auftreten. Damit kamen endlich wieder Einnahmen ins Haus. Die Zeit der großen Sorge um die Kinder war auch eine der Ungewißheit, wie die Existenz finanziell zu sichern sei, zumal es erhöhter Aufwendungen für Ärzte und die Pflege der Kinder bedurfte. Verständlicherweise wechselte man nach einem Erfolg in Den Haag nach Amsterdam, blieb dort von Ende Januar bis Anfang März und veranstaltete Konzerte, die wohl auch einträglich waren. Jeder der drei langen Aufenthalte an besonders attraktiven Orten, so auch der in den Niederlanden, hatte seinen Höhepunkt. Diesmal waren es die Feierlichkeiten zur offiziellen

Installation des Prinzen Wilhelm V. von Oranien zum Erbstatthalter der Niederlande am 11. März in Den Haag. Vom beeindruckenden Prunk der Ereignisse in diesem Zusammenhang berichtete Leopold Mozart nach Salzburg. Auch die Kinder traten während der Festlichkeiten bei einem Konzert auf. Wolfgangs Quodlibet «Galimathias musicum» (KV 32) wurde vermutlich als Tafelmusik aufgeführt. Erfolgreich und in Ehren aufgenommen, besuchten die Mozarts nochmals die bürgerliche Hansestadt Amsterdam sowie Haarlem, Utrecht und Rotterdam, bis sie Anfang Mai 1766 die niederländischen Generalstaaten verließen und durch die Habsburgischen Niederlande, mit Zwischenaufenthalten in Antwerpen, Mecheln und Brüssel wieder den Weg Richtung Paris nahmen, zuvor jedoch noch in Valenciennes Madame Marie-Thérèse Geoffrin, deren Salon in Paris zu den berühmtesten Treffpunkten der Intellektuellen zählte, einen Besuch abstatteten.

Nach fast zweieinhalb Jahren und einer in dieser Länge sicherlich nicht von vornherein geplanten Rundreise durch England und die Niederlande, traf die Familie Mozart Mitte Mai wieder in Paris ein. Das große Ziel, einen unvergleichlichen Wunderkind-Ruhm in den großen Kulturzentren Westeuropas zu erlangen, war erreicht. Nun war es hohe Zeit, die Heimreise anzutreten. Rund zwei Monate blieb man jedoch noch in Paris. Auch kam es zu einem neuerlichen Besuch in Versailles. Vor allem aber galten nun die Mozarts etwas in der Gesellschaft; man hatte sehr viele Bekanntschaften an verschiedenen Orten geschlossen, Berichte, Bilder und die Mundpropaganda taten ein übriges. Während dieser Reise hatte ein langsamer Prozeß eingesetzt, der nach und nach zu wichtigen Veränderungen führte: Leopold Mozart mußte nicht länger seinen strategischen Scharfsinn darauf verwenden, wie man da oder dort, bei dieser oder jener einflußreichen Persönlichkeit Zugang finden mochte; vielmehr empfing man nun mit Respekt, aber auch Selbstbewußtsein Einladungen hochgestellter Standespersonen, traf sich mit Geistesgrößen und berühmten Musikern, weil diese an dem Kontakt interessiert waren. Eine solche Entwicklung zeichnete sich bereits während der Reise in die Niederlande ab. Leopold

Mozart hatte sie offensichtlich nicht von vornherein geplant; der niederländische Gesandte in London mußte ihn zu diesem Aufenthalt regelrecht überreden. Die Disposition der Heimreise stand unter ähnlichen Vorzeichen. Die Einladungen waren nicht so spektakulär wie jene in die Niederlande, aber durchaus ehrenvoll und eröffneten der Familie zusätzliche Optionen. Die Reise erfolgte nicht auf direkter Route, sondern in einem weiten südwestlichen Bogen über Lyon, die Schweiz, Donaueschingen, Ulm, Augsburg und München. Die Familie hatte dabei so manche ungewöhnliche Ereignisse erlebt. Was machte ein Kind mit den «Schriften», die ihm in Zürich der Dichter Salomon Geßner widmete – und wie mag es das Zuschauen bei einer Hinrichtung in Lyon verkraftet haben?

Das Resümee der Reise muß überaus positiv gewesen sein. Die Familie Mozart kehrte zwar nicht mit einem Vermögen, wohl aber mit vielen kostbaren Geschenken, die sich gewinnbringend veräußern ließen, nach Salzburg zurück. Allein der Schatz der Erfahrungen und Erinnerungen war immens. Leopold Mozart hegte sogar einen Plan auf der Grundlage der vielen Briefe, die er in die Heimat – vor allem an seinen Freund, den Kaufmann Johann Lorenz Hagenauer – geschrieben hatte und die von vornherein als Erlebnisberichte konzipiert waren, ein (natürlich wiederum werbeträchtiges) Buch zu verfassen. Dazu kam es jedoch nicht, aber immerhin kaum angelangt, konnte man schon wieder Zukunftspläne schmieden. Wolfgang war bereits fast elf und seine Schwester Maria Anna fünfzehneinhalb Jahre alt. Zumindest Wolfgang war noch nicht dem Wunderkind-Alter entwachsen. Aber etwas Entscheidendes hat sich im Laufe der Westreise verändert. Mozart hat sehr früh zu komponieren begonnen, aber es waren nicht Kompositionen, die den Wunderkind-Ruhm eines Siebenjährigen begründeten. Nun aber, am Ende der Reise, war er ein junger Komponist, der mit Werken zu verschiedenen Gattungen und auch größeren Umfangs in Paris, London, in den Niederlanden und dann auch in Deutschland und in der Schweiz reüssiert hatte. Etliches von seiner Musik lag bereits im Druck vor.

Leopold Mozart hat diese neue Situation offensichtlich wohlbedacht. Als erfahrener Musiker wußte er durchaus, daß man sich mit großen Werken für Theater und Kirche am besten einen Namen als Komponist erwerben konnte. Solch eine Karriere fädelte er für seinen Sohn geschickt ein. Schon bald nach der Rückkehr komponierte Wolfgang eine Huldigungs-Arie auf den Fürsten Erzbischof Schrattenbach, die als Abschluß eines von einer gastierenden italienischen Truppe aufgeführten Theaterstücks vorgetragen wurde. Schlag auf Schlag ging es weiter. Im März 1767 wurde der von Wolfgang komponierte erste Teil des Oratoriums «Die Schuldigkeit des ersten Gebots» (KV 35) in der Salzburger Residenz aufgeführt. Die beiden anderen Teile komponierten die arrivierten Kollegen Michael Haydn und Anton Kajetan Adlgasser. Am Karfreitag dieses Jahres wurde Wolfgangs sogenannte «Grabmusik» (KV 42) vielleicht im Salzburger Dom und vermutlich halbszenisch aufgeführt. Das erste tatsächliche Musiktheaterstück ist das Intermedium «Apollo und Hyazinth» (KV 38), das als eine Art Zwischenakt zu einer lateinischen Tragödie in der Aula der Salzburger Universität Mitte Mai gespielt wurde. Der konsequente nächste Schritt wäre nun die Komposition einer abendfüllenden Oper gewesen.

Ein glänzender Anlaß stand für den Herbst in Wien bevor. Die erst sechzehnjährige Erzherzogin Josepha sollte mit König Ferdinand IV. von Neapel vermählt werden. Aufgrund der Vertrautheit mit dem Kaiserhause bot sich die Chance, sich bei den zu solch einem Anlaß üblichen Festivitäten in der einen oder anderen Weise präsentieren zu können. So reiste die gesamte Familie Mozart samt Bediensteten bereits ein dreiviertel Jahr nach ihrer Heimkehr am 11. September 1767 bereits wieder von Salzburg Richtung Wien ab. Die bis zum Jahresende 1768 dauernde Reise sollte zu einer Zeit voll Höhen und Tiefen werden. Das große Ereignis, das den glänzenden Rahmen für einen neuen Karriereschritt bieten sollte, indes entfiel. Eine Blattern-Epidemie erreichte im Oktober Wien und raffte die junge Erzherzogin dahin. Leopold Mozart wich der Krankheit mit seiner Familie zunächst nach Brünn und dann nach Olmütz aus. Dennoch erkrankten erst Wolfgang und dann seine Schwester Maria Anna gleichfalls an den Blattern. Sie überstanden die Krankheit aber gut und konnten gegen Jahresende bereits wieder konzertieren. Anfang 1768 konnten die Mozarts nach Wien zurückkehren, und schon am 19. Januar wurden sie von Kaiserin Maria Theresia und ihrer Familie zur Audienz empfangen. Bei dieser Gelegenheit soll Kaiser Joseph II. Mozart gefragt haben, *«ob er lust hätte, eine opera zu componieren und selbe zu dirigieren»*. Diese Einladung war freilich eine unerhörte Herausforderung. Wolfgang und sein Vater nahmen sie an, wählten als Gattung die erfolgversprechende italienische Opera buffa und als Libretto einen Text, der auf den berühmten venezianischen Dichter Carlo Goldoni zurückging. Bis Juni wollte man ein aufführungsfähiges Stück abschließen. Doch stellte der Auftrag auch eine Herausforderung der Akzeptanz auf seiten der Leute vom Theaterbetrieb dar. Konnte man solch ein aufwendiges und anspruchsvolles Unternehmen einem Wunderkind zumuten? Offensichtlich nicht. Daher wurde verzögert. Bis heute weiß man nicht genau, was sich zutrug. Doch gehört solch eine Undurchschaubarkeit zu jeder guten Theaterintrige – und in eine solche waren Vater und Sohn Mozart geraten. So ging der Sommer vorüber. Im September wandte sich Leopold Mozart mit einem Beschwerdeschreiben direkt an Kaiser Joseph II. und beschuldigte den Impresario Giuseppe Affligio der Intrige. Der Kaiser ordnete beim «General-Spektakel-Direktor» eine Untersuchung an, die allerdings im Sande verlief. Mozarts erste Oper «La finta semplice» wurde nicht in Wien aufgeführt.

Die Enttäuschung war groß. Aber Kaiserin Maria Theresia verschaffte den Mozarts eine Genugtuung, freilich nicht auf dem Theater, sondern auf dem Gebiet der Kirchenmusik. Für die Feier der Konsekration der Kirche des Waisenhauses am Rennweg erhielt Wolfgang Kompositionsaufträge. In Anwesenheit der Kaiserin und des Wiener Erzbischofes durfte er seine sogenannte «Waisenhaus-Messe» (vermutlich KV 139), ein Offertorium und ein Trompetenkonzert (beides verloren) aufführen und selbst dirigieren. Für die Kompensation der entgangenen Theateraufführung sorgte ein Wiener Bürger, der erfolgreiche und reiche Arzt Dr. Franz Anton Mesmer (bekannt als Verfechter einer Therapie, die auf dem sogenannten animalen Magnetismus beruhte, und mithin ein Außenseiter der Wiener medizinischen Schule, gleichwohl aber ein heute anerkannter Begründer der Hypnosetherapie, der zudem die Entwicklung der Musiktherapie anregte). Was in seinem Hause (oder in seinem opulent ausgestatteten Garten) aufgeführt wurde, war jedoch keine große Oper, sondern ein einaktiges deutsches Singspiel (nach französischem Vorbild) «Bastien und Bastienne», dessen musikalische Ansprüche auch von Laien zu bewältigen sind.

Noch in Wien reifte in Leopold Mozart der Plan einer Italienreise. Er sah, wie die Zeit eilends verging, und war in Sorge, daß Wolfgang, früher als allen lieb sein konnte, in ein Alter kommen werde, das *«seinen Verdiensten die Verwunderung entziehen»* müßte. Wolfgang sollte fast vierzehn Jahre alt werden, ehe es soweit war, nach Italien zu ziehen. In dem Jahr in Salzburg, das dieser Reise vorauslag, ging seine kompositorische Entwicklung weiter; auch erlebte er die Genugtuung einer ersten Aufführung seiner Oper «La finta semplice» in der Salzburger Residenz. Doch eine Lebensphase ging zu Ende. Leopold Mozart empfand das wohl, wenn er 1769 (in der zweiten Auflage seiner «Violinschule») von seiner Absicht spricht, eine Biographie Wolfgangs zu schreiben, und wenn er zuvor in Wien ein»Verzeichniß alles desjenigen was dieser 12-jährige Knab seit seinem 7ten Jahre componiert, und in Originali kann aufgezeiget werden» zu Papier bringt.

2. Das Schöpferische im Kind

Nur auf den Erfolg einer geschickten Strategie Leopold Mozarts läßt sich der Wunderkind-Ruhm seines Sohnes freilich nicht reduzieren. Maria Anna hatte es als Mädchen und schließlich als Frau im 18. Jahrhundert viel schwerer als ihr Bruder, Karriere zu machen. Dies galt nicht nur für den gewagten Schritt vom Wunderkind zum professionellen Komponistentum, sondern vielmehr grundsätzlich für alle Entscheidungssituationen, in denen die junge Frau dem Willen des Vaters hätte die Stirn bieten müssen. Noch heute wird sie wie selbstverständlich als das «Nannerl» bezeichnet, aber jedem, der dies tut, erschiene es als absurd, würde man den Komponisten des «Don Giovanni» den «Wolfgangerl» nennen. Unser Bild einer Frau, die 78 Jahre alt wurde, ist völlig auf deren Wunderkind-Zeit als «Nannerl» eingeengt. Um so bitterer ist es zu sehen, wie früh ihr der jüngere Bruder in seiner musikalischen Entwicklung einfach davoneilte. Der Hinweis auf die Gender-Problematik mag eine Erklärung für die ihr vorenthaltenen Chancen bieten, doch läßt sich daraus im Umkehrschluß noch keine Erklärung ableiten, weshalb mit einemmal – gleichsam wie eine Eruption – sich das Schöpferische im Kind Wolfgang durchsetzte.

Darüber staunten und dachten aufklärerische Intellektuelle im 18. Jahrhundert ebenso nach wie Theologen während der letzten 100 Jahre. Der gerne provozierende Pianist Glenn Gould meinte gar, nur der frühe Mozart sei genial gewesen, nicht aber jener der allgemein anerkannten sogenannten Meisterwerke. Mozart-Forscher von Rang behaupteten, Mozart habe sich von Anfang an auf einem anderen Niveau bewegt als seine komponierenden Zeitgenossen. Mit etwas nüchternem Hausverstand wird man sich wohl eingestehen müssen, daß sich KV 1 keineswegs positiv von seiner musikalischen Umgebung abhebt. Das, was sich tatsächlich ereignet haben muß, ist erstaunlich genug.

Aber eine staunenerregende Leistung ist nicht von vornherein eine schöpferische. Die Auftritte der Mozart-Kinder hatten durchaus zirkushafte Elemente, die nur durch viel Üben, ja durch regelrechte Dressur zu erreichen sind. Verblüffung löste bereits die hohe Fingerfertigkeit aus, über die Maria Anna und Wolfgang beim Clavierspiel (der Begriff «Clavier» war im 18. Jahrhundert ein Oberbegriff, der diverse Arten von Hammerflügel, Cembali und auch Clavichorde umfaßte) verfügten. Ausgesprochen zirkushaft mutet etwa das Spiel auf einer mit einem Tuch verdeckten Klaviatur an. Viele Zuhörer, auch solche, die darüber schrieben, konnten sich nicht erklären, wie Wolfgang mit seiner kleinen Hand, die kaum mehr als das Intervall einer Sexte umspannen konnte, anspruchsvolle Klaviersätze ausführte. Er war eben sehr geschickt. Maria Anna spielte vor allem Klavier und sang gelegentlich. Wolfgang tat dies ebenfalls, nicht selten zusammen mit ihr oder dem Vater, aber er erweiterte beständig sein Repertoire musikalischer Betätigungen. Zumindest aus der Lektüre der väterlichen Briefe gewinnt man den Eindruck, Wolfgang habe mit Lust, und nicht unter Zwang, musikalische Abenteuer unternommen.

Erkundet wurde allerlei – so auch weitere Instrumente neben dem Clavier. Das Instrument des Vaters, die Violine, hat er sicherlich früh zu spielen erlernt. Bei seinen Konzerten während der Reisen trat er immer wieder auch als Geiger auf. Merkwürdiger erscheint seine Affinität für die Orgel. Das Rieseninstrument mag aus der Sicht des kleinen Mannes eine Herausforderung dargestellt haben; für die, die ihn darauf musizieren hörten und sahen, mag das Staunen mit einem Schmunzeln über die geradezu groteske Konstellation gemischt gewesen sein. Unterwegs ergab sich offensichtlich immer wieder einmal die Gelegenheit, eine Orgel zu spielen. Das erste Mal berichtet Leopold Mozart über solch eine Szene während der Schiffsfahrt von Passau nach Wien im Herbst 1762. Am 4. Oktober, dem Fest des Heiligen Franziskus, machte man in Ybbs Mittagsrast. Mitreisende Franziskanermönche lasen die Messe, *«unter welchen unser Woferl sich auf der Orgel so herumtummelte und so gut spielte, daß die P. P. Franziscaner, die eben mit einigen Gästen bey der Mittagstafl sassen, samt ihren Gästen das Essen verliessen, dem Chor zulieffen, und sich fast zu Todt wunderten.»* Zu Beginn der großen Westreise bei der ersten Station in Wasserburg am Inn, als die Mozarts wegen eines Radbruches Aufenthalt hatten, ereignete sich folgendes: *«Das Neueste ist, daß, um uns zu unterhalten, wir auf die Orgl gegangen, und ich dem Wolferl das Pedal erkläret habe. Davon er dann gleich stante pede die Probe abgeleget, dem Schammel hinweggerückt, und stehend preambulirt und das pedal dazu getreten, und zwar so, als wenn er schon viele Monate geübt hätte.»* Seinen (wohl ersten) offiziellen Konzertauftritt als Organist hatte Wolfgang anläßlich eines Wohltätigkeitskonzertes in einem Vorort von Chelsea am 29. Juni 1764; angekündigt wurde ein Spiel Wolfgangs *«on the Harpsichord and on the Organ»*. Aus London erzählte Leopold Mozart, Wolfgang habe *«auf des Königs Orgel so gespielt, daß alle sein Orgelspielen weit höcher schätzen als das Clacier spiellen»*. So hatten Vater und Sohn also von spielerischen Lehr- und Lernversuchen unversehens auf ein neues musikalisches Terrain gewechselt.

Aber auch aus dem konventionalisierten Programm solch musikalischer Wunderkind-Auftritte konnte ein freierer und spontaner Umgang mit dem Geforderten erwachsen. Kontakt zum Publikum zu gewinnen, war damals ebenso sehr wichtig und am besten dadurch zu erreichen, daß man, wie ein Zauberer bei seinem Auftritt, Zuschauer aufforderte, sich doch aktiv ins musikalische Geschehen einzubringen: indem einer ein Thema oder eine Baßlinie vorsang, die Wolfgang dann auszuführen hatte, oder sich bereit fand, gleich sein Lieblingslied zu singen und sich dabei spontan von Wolfgang begleiten zu lassen, oder mitgebrachte Noten aufs Pult legte, um sie vom Blatt spielen zu lassen, oder einen operntheatralischen Affekt mit italienischen Wörtern wie «perfido» oder «amore» in der Erwartung markierte, daß das Kind imstande sei, einen dem Affekt entsprechenden musikalischen Topos zu finden und möglichst auch arienmäßig durchzuführen. Hier kommen zwei Fähigkeiten zum Tragen, die später auch der erwachsene Mozart bei anderen Musikern immer besonders schätzte und forderte, zum einen das sogenannte Prima vista-Spiel, zum anderen das Improvisieren. Nach allen Berichten scheint er eine wahre Lust verspürt zu haben, jede an ihn gestellte musikalische Anforderung bewältigen zu können. Die erbrachten Leistungen scheinen einem bestimmten Wesenszug entsprungen zu sein: Sobald eine Anspannung zu einer Überforderung zu werden drohte, befreite die Naivität Wolfgang davon. Im Juni 1765 hatte der Gelehrte Daines Barrington die Familie Mozart in London getroffen und dabei Wolfgang sozusagen geprüft. Bei den sich steigernden Aufgaben habe Wolfgang Barrington *«ganz durchtrieben»* angeschaut und sich zuletzt *«zu einer solchen Begeisterung emporgearbeitet, daß er sein Klavier wie ein Besessener schlug und einige Male in seinem Stuhl sich emporhob»*. Doch dann *«kam eine Lieblingskatze herein, worauf er sogleich sein Klavier verließ und wir ihn auch eine geraume Zeit durch nicht wieder zurückbringen konnten».*

Als eigentlicher Bereich des musikalisch Schöpferischen gilt allgemein die Komposition, das Erzeugen neuer Tonsätze. Diese Poesis einerseits und die Praktiken und Möglichkeiten der Ausführung im Singen und Spielen andererseits sind zwei verschiedene Bereiche, die sich gerade im 18. Jahrhundert intensiv zu durchdringen begannen. Selbstverständlich hat Wolfgang musizierend und improvisierend Möglichkeiten erkundet, die dann in sein Komponieren einflossen. Zunächst aber mußte er einen traditionellen Tonsatz erlernen, der mehr mit allgemeinen Handwerksregeln, einem Wissen über Instrumente, die menschliche Stimme und Eigenarten musikalischer Gattungen zu tun hat als mit Individualität. Der Verlauf dieses Unterrichts durch den Vater Leopold Mozart ist im einzelnen schwer zu durchschauen, weil er überwiegend mündlich erfolgte und eventuell doch vorhandene Unterrichtsmaterialien nicht aufhebenswert erschienen. Eine Ausnahme bildet jenes berühmte «Notenbuch», das Leopold Mozart für seine achtjährige Tochter angefertigt hatte. Es ist aufschlußreich, in welcher Weise der jüngere Bruder schon früh in die Aufzeichnungen dieses Büchleins eindrang. Wir kennen die Situation bereits von den gemeinsamen Konzertauftritten her, daß Wolfgang seine ältere Schwester, außer in der Technik des Klavierspiels, mehr und mehr überholte und ihr, salopp ausgedrückt, die Show stahl. Dank der Schriftlichkeit von Nannerls Notenbuch können wir diesen Vorgang leicht nachvollziehen. Wohlgemerkt, die ersten eigenhändigen Musikaufzeichnungen Wolfgangs stammen aus dem Jahr 1764. Das Notenbuch wurde überwiegend von Leopold Mozart (und einem nicht identifizierten Anonymus) geschrieben. 1760/61 drang Wolfgang, wie aus schriftlichen Bemerkungen des Vaters im Notenbuch hervorgeht, zunehmend ein. Leopold notierte zu einigen Stükken, wann Wolfgang sie bereits zu spielen erlernt hatte, und ab dem Frühjahr 1761 kam die Eintragung erster Kompositionen Wolfgangs hinzu. Für die Vermutung, daß Maria Annas Notenbuch im Laufe der Zeit zu dem Wolfgangs wurde, spricht auch der Umstand, daß Wolfgang selbst noch einige eigene Kompositionen eintrug; gleichwohl hat die Schwester dieses Büchlein Zeit ihres langen Lebens wie eine Reliquie gehütet.

Erstes Unterrichtsziel war – und dies wird im Notenbüchlein sehr deutlich – die Komposition sogenannter «Galanteriestücke», also Menuette, kurze Allegro-Sätze, Märsche usw. Gerade das Menuett wurde zum bevorzugten Modell für einen werdenden Komponisten. Das Menuett ist an sich ein Tanz und hat folglich eine bestimmte Choreographie, die der Komponist zu berücksichtigen hat. Zu erlernen ist also eine Vorstellung von metrischen, melodischen und klanglichen Symmetrien, Korrespondenzen und Kontrasten zwischen den Bauteilen. Takte und Taktgruppen sind im Inneren eines Stückes sinnvoll zu strukturieren.

Der Erwerb solcher Fähigkeiten als Lernziel spiegelt sich auch in Wolfgangs ersten Kompositionen wider. Dazu zählen die Menuette KV 2, 4 und 5 und die Allegro-Sätze KV 3 und 9a. Von Leopold Mozart notiert, stellen sie uns vor die Frage, was sie eigentlich sind. Geben die Notate exakt wieder, was Wolfgang dem Vater vorspielte? Wohl kaum. Eher wird der Vater eine von ihm berichtigte und verbesserte Version schriftlich festgehalten haben. Wahrscheinlich sind aber auch weitergehende didaktische Absichten Leopolds. Er gab dem Sohn die Form, den tonalen Verlauf und etwa auch das Variationsverhältnis zwischen KV 4, 5 und 6 vor. Wenn wir den Zweifel nicht so weit treiben wollen, daß wir annehmen, Leopold Mozart habe eigene kleine Stücke Wolfgang unterschoben, kann man doch den ersten Kompositionen entnehmen, daß Wolfgang das metrische Spielen mit Bauteilen und das Spiel mit der Typik einfachster Details (wie melodischer Wendungen, Verzierungen, Schlußfloskeln oder Baßführungen) schon in vielfältiger Weise beherrschte. Ein Nachweis seiner musikalischen Phantasie ist dies allzumal.

«Das, was er gewust, da wir aus Salzburg abgereist, ist ein purer Schatten gegen demjenigen, was er ietzt weis.» So urteilte Leopold Mozart bereits im Sommer 1764 in London, um so erstaunter waren alle über Wolfgangs Fortschritte nach Beendigung der großen Reise 1766. Das Komponieren trat nun immer mehr in den Vordergrund. Doch die Menge an Stücken allein ist

nicht so bedeutend. Ähnlich wie bei seinem Musizieren zeigen sich seine Fortschritte primär in der Weitung des Horizonts: Einerseits fächerte sich das Gattungsspektrum seiner Kompositionen zu einer großen Vielseitigkeit hin auf, andererseits wurden die Werke länger. Wolfgang mußte also lernen, großformale Verläufe zu disponieren. Aufschlußreich für ersteres ist jenes Verzeichnis, das Leopold Mozart im Herbst 1768 von den bisherigen Kompositionen seines zwölfjährigen Sohnes angelegt hat. Wolfgang hat mit der Komposition kleiner Klavierstücke begonnen, die nun eher summarisch und quasi im Anhang erwähnt werden. Wichtiger nimmt der Vater Größerformatiges. Als erstes nennt er, wohl weil sie in Paris, London, Amsterdam und Den Haag gedruckt worden sind, Sonaten für Klavier mit und ohne Begleitung der Violine und Klaviervariationen. In chronologischer Abfolge führt er unter anderem fünfzehn italienische Arien auf, ferner nicht weniger als dreizehn Sinfonien, «Die Schuldigkeit des ersten Gebots», «Apollo und Hyazinth», die Grabkantate, Divertimenti, Trios, Duos und Solostücke für verschiedene Instrumente. Die für das Ansehen eines Komponisten besonders wichtigen Stücke im Kirchen- und Theaterstil, «La finta semplice», «Bastien und Bastienne», zwei Messen und weitere kleinere Kirchenstücke, kann der stolze Vater für das Jahr 1768 eintragen. Nun zum Zweiten, der zunehmenden Länge der Stücke: Ein kleines Menuett für Klavier und ein Sinfoniesatz für Orchester stellten einen Komponisten vor unterschiedliche Aufgaben. Mozart schrieb – eigenhändig – seine erste Sinfonie (KV 16) vermutlich Ende 1764 oder Anfang 1765 in London, also kaum neunjährig. Sie ist mit den üblichen Streichern, zwei Oboen und zwei Hörnern besetzt. Sicherlich wird ihm der Vater bei der Weitung seiner bisherigen formalen Erfahrungen und bei der Instrumentierung behilflich gewesen sein. Wie sehr, können wir nicht durchschauen. Einen besseren Einblick in ihre gemeinsame Vorgangsweise gewähren die im Sommer 1767 in Salzburg entstandenen ersten Klavierkonzerte, die sogenannten Pasticcio-Konzerte KV 39–41. Man kann sie als Lehrstücke bezeichnen. Instrumentalkonzerte hatten eine bestimmte Form im Wechselspiel zwischen Solisten und Orchester, deren Regeln vom Komponisten zu erfüllen waren. Diese Form war Mozart weder von seinen Klavierstücken noch von seinen Sinfonien her vertraut. Einleuchtenderweise ging der väterliche Lehrer so vor: Er übernahm jeweils einzelne Sätze aus Sonaten verschiedener Komponisten (Carl Philipp Emanuel Bach, Johann Gottfried Eckhard, Leonzi Honauer, Hermann Friedrich Raupach und Johann Schobert) und notierte sie so in die Partitur, daß Wolfgang die formal fehlenden Orchesterpassagen und die Instrumentierung insgesamt ergänzen konnte. So war also ein Weg von der Klaviersonate zum Klavierkonzert gefunden. Kein unbedeutender Schritt, wenn man bedenkt, welches Gewicht die Gattung des Klavierkonzerts bei Mozart noch gewinnen sollte und welchen Nutzen solche Stücke schon jetzt für den kleinen Pianisten Mozart haben mußten. Im einzelnen weniger zu durchschauen sind die Lehrschritte in der Vokalkomposition. Allgemein üblich und musikgeschichtlich leicht verständlich war es, die Komposition einer italienischen Oper als Ziel anzuvisieren. Erste Voraussetzung dafür war ein möglichst unmittelbarer Bezug zur Welt des Theaters. In Salzburg gab es ja keinen ständigen Theaterbetrieb. Leopold Mozart suchte aber stets den Kontakt zu durchreisenden Theatertruppen. Außerdem gab es im Rahmen der Benediktiner-Universität immer wieder schulische Aufführungen von lateinischen Stücken, sogenannten Schulkomödien. So gesehen, ist es mehr als ein Kuriosum, daß Leopold für seinen fünfeinhalbjährigen Sohn erwirkte, bei einer solchen Schulkomödie als einer der «Salii» auftreten zu dürfen. So verhalf er dem Kind zu einem ersten körperlichen Kontakt mit dem Bühnenleben. Die ersten musikpraktischen Schritte waren die Komposition von italienischen Rezitativen und Arien. Eine psychische Disposition mußte sich der etwa Achtjährige bereits erworben haben, um diese Aufgaben bewältigen zu können. Die Sphäre der Kirchenmusik hat er sich während der Ruhephasen zwischen den Reisen in Salzburg komponierend erworben.

Das eigentlich Schöpferische auch im Kind muß doch ein Unverwechselbares sein. Aber wir sollten keinen zu einfachen Weg vom Erlernen einer zeitüblichen Typik hin zu Geniestreichen wie der frühen g-Moll-Sinfonie oder dem «Jeunehomme»-Klavierkonzert annehmen. Wer Mozarts Vorbilder waren, ist eine leicht zu stellende, aber schwer zu beantwortende Frage – bedenkt man etwa, daß sich die Produktion in der Gattung Sinfonie im 18. Jahrhundert auf geschätzte 20 000 Werke (nach Jan La Rue) beläuft. Besser zu fassen scheinen die Vorbilder im Bereich der Klavierkomposition dank des von Wolfgang mitbenützten Notenbuchs für Maria Anna. Die von Wolfgang sicherlich alle gespielten und studierten Stücke stammen mit großer Wahrscheinlichkeit ganz überwiegend von Leopold Mozart. Sie bleiben im Notenbuch jedoch anonym. Unter den genannten Komponisten finden sich bekanntere wie Carl Philipp Emanuel Bach und Georg Christoph Wagenseil, aber auch heute vergessene Namen wie Johann Nikolaus Tischer und Johann Joachim Agrell (von dem allerdings das vermutlich interessanteste Stück des ganzen Notenbuches stammt). Vorbilder hätten aber auch gänzlich andere Stücke ganz anderer Komponisten sein können. Von dem in London berühmten Johann Christian Bach sind anrührende Geschichten überliefert; so habe er Wolfgang auf den Schoß gehoben, mit ihm zusammen Klavier gespielt, ihm eine Fuge teilweise vorgespielt und sie von Wolfgang weiterführen lassen usw. Aus einem herzlichen Verhältnis bei solchen Begegnungen gleich auf ein Lehrer-Schüler-Verhältnis zu schließen, erscheint übertrieben, wenngleich Wolfgang sicher von Bach profitiert haben wird. In einem didaktisch konkreten Sinne wird er aber vom Abschreiben einer Sinfonie (als KV 18 geläufig) des Bach-Freundes und Londoner Konzertunternehmers Carl Friedrich Abel noch mehr Nutzen gezogen haben. Vermutlich vom Vater veranlasst sollte er gewissermaßen taktil in einen damals in London erfolgreichen Sinfoniestil und seinen Geschmack eindringen. Als es zuvor in Paris darum ging, mit Sonaten bei Verlagen und beim Publikum zu reüssieren, werden Vater und Sohn den persönlichen Kontakt zu Komponisten, die den Pariser Klaviersonatengeschmack genau kannten, wie Eckhard und Johann Schobert genutzt und deren Musiknoten genau studiert haben. Hier scheint eine Vorgangsweise in Mozarts Komponistenleben zum ersten Mal auf, die damals ganz selbstverständlich war: Man komponierte in Hinblick auf eine Aufführungssituation und die Erwartungen eines bestimmten Publikums. Was aber so schwer faßbar bleibt, ist Mozarts Eigenart in diesen Assimilationsvorgängen. Ein Indiz für ihr Vorhandensein mag man im Scheitern der Mozartforschung sehen, Wolfgangs Kompositionen als eine – ja naheliegende – Nachahmung des väterlichen Stils zu entschlüsseln.

Bei unserem Wahrnehmen des Schöpferischen im Kinde sollten wir den Standpunkt der Rezeptionsästhetik einnehmen, der darauf beruht, jedes Urteilen als unser, von uns und unseren Voraussetzungen geprägtes Urteilen anzuerkennen und darin kein ungetrübtes Durchscheinen einer an sich gegebenen Qualität des Kunstgegenstandes annehmen zu wollen. Damit entgehen wir übertriebenen Projektionen unserer Sehnsüchte auf die Musik des kleinen Mozart. Das Faktum der Wendigkeit und Geschicklichkeit, der Intensität und Universalität in seinem Komponieren ist Wunder genug. Der Erlebniswert einer sich erschließenden neuen Welt ist für das Kind ein ganz anderer als für den diesen Vorgang distanziert betrachtenden Kenner. Wie tief sich dem Kind manches eingeprägt haben mag, erahnen wir in seiner späteren Neigung, frühe musikalische Erlebnisse in seinen reifen Kompositionen wieder zu zitieren – nicht nur Eigenes, sondern auch etwa das kleine Klavierstück von Agrell aus Maria Annas Notenbuch, das er in der Minore-Variation des Finalsatzes seines G-Dur-Klavierkonzertes KV 453 wieder aufscheinen läßt.

3. Italienerlebnis, Karrierewünsche und die Pubertät

Noch nicht ganz 14 Jahre alt, brach Mozart mit seinem Vater nach Italien auf. Der Wunsch, eine möglichst strahlende, also höfische Musikerkarriere vorzubereiten, erfüllte beide. Wie sich peu à peu zeigen soll, wird Wolfgang nun ein anderer, eben ein pubertierender Jüngling, der seine amüsanten Verselbständigungsspiele treibt und der sein großes Emanzipationsproblem – bei seiner Vorgeschichte als Kind kaum verwunderlich – im Verhältnis zum Vater erspürt, erkennt, aber kaum je direkt anspricht. All das weckt in uns Assoziationen. Die pubertären Nöte kennt jeder, wenn auch freilich wenige sie in der Art erlebt haben wie Mozart. Sein Wunsch, sich beruflich durchzusetzen, ist allzu menschlich, allerdings erstaunen Intensität und zunehmende Unruhe, die ihn dabei erfüllten. Italienreisen und Italiensehnsucht sind uns aus den Biographien von Künstlern und Gelehrten des 18. und 19. Jahrhunderts her geläufig; wir denken besonders an Maler, aber auch an Literaten und Dichter von Johann Joachim Winckelmann über Goethe bis hin zu Joseph Eichendorff. Seltener werden einem in diesem Zusammenhang Musiker in den Sinn kommen.

Dies aber durchaus zu Unrecht. Erinnert sei daran, daß Italien seit dem späten 16. Jahrhundert das Musikland par excellence war. Oper und Oratorium, der affektuöse melodische Stil und die Generalbaßpraxis und alle nachfolgenden musikalischen Neuerungen des 17. und früheren 18. Jahrhunderts entstanden in Italien. Komponisten wie Palestrina in Rom, Giovanni Gabrieli und Claudio Monteverdi in Venedig waren überaus attraktive Adressen für junge Musiker aus verschiedenen Teilen Europas, so auch aus Deutschland. Bereits Heinrich Schütz studierte in Venedig, doch vor allem für angehende Opernkomponisten war es ein Muß, die italienische Kompositions- und Musiktheater-Praxis vor Ort kennen zu lernen und sich möglichst in Italien selbst einen Namen zu machen. Georg Friedrich Händel etwa wurde nicht als deutscher Komponist, sondern als ein Komponist italienischer Opern nach London berufen. Voraussetzung für seine Karriere waren Erfolge, weniger im nahe gelegenen Hamburg als in Italien. Bei vielen deutschen Musikern neben und nach ihm verhielt es sich ähnlich. Das Drängen Leopold Mozarts, seinen Sohn zur rechten Zeit nach Italien zu führen, ist also sehr gut nachzuvollziehen. Aber die «rechte Zeit» war auch eine sehr schwierige Zeit in der Entwicklung Wolfgangs. Ein Vierzehnjähriger kann nicht wie ein Siebenjähriger als Wunderkind faszinieren. Andererseits wurde die Erwartung an ihn herangetragen, ein Jüngling solle sich erst einmal musikalische Grundlagen erwerben, eventuell sich in solider, traditioneller Satzweise bei Kirchenkompositionen bewähren; um eine Oper zu schreiben, sei er jedoch noch zu unreif und auch nicht imstande, sich im Theaterbetrieb durchsetzen zu können. Gegen solche selbstverständlichen Vorurteile galt es anzukämpfen. Einiges Selbstbewußtsein durften Vater und Sohn angesichts der bisherigen Entfaltung von Wolfgangs Kompositionskunst schon besitzen, hatte er doch bereits Opern, Oratorien, Sinfonien und große kirchenmusikalische Werke vorzuweisen. Davon wußte allerdings kein Italiener.

Die Ziele der Reise standen fest: Es galt, Wolfgangs musikalischen Horizont zu erweitern und ihm Chancen für das Erkunden weiterer musikalischer Möglichkeiten zu eröffnen, sodann als Musiker und Komponist bekannt zu werden, um schließlich in Italien eine ehrenvolle und entwicklungsfähige Anstellung zu finden. Aber ebenso klar waren auch die damit verbundenen Schwierigkeiten. Immerhin – die politische Situation war günstig, und es galt, sie zu nutzen: Mit dem Frieden von Aachen 1748 wurde der Sieg der Österreicher über Franzosen und Spanier besiegelt. Oberitalien war nun weitgehend unter österreichischer Herrschaft. Die Lombardei, Mantua und Triest gehörten dem Hause Habsburg, die Toskana und Modena standen unter indirekter Habsburgischer Regentschaft. Die Maria-Theresianischen Verwaltungreformen brachten eine Stabilisierung und eine Zeit relativer Ruhe, die bis in die Tage Napoleons währen sollte. Im Inneren wurden Wirtschaft und Kultur gefördert. Schon seit langem bestand ein reger Kulturaustausch. Italienische Kultur und Kunst waren seit dem Barock am Wiener Hof und auch in Salzburg stark vertreten. Das Zentrum Oberitaliens aus österreichischer Sicht war Mailand, und dort ergaben sich für die Mozarts Chancen, an alte Salzburger Kontakte anzuknüpfen. Denn der Generalgouverneur der Lombardei war Graf Karl Joseph von Firmian, ein Neffe von Leopold Mozarts erstem Salzburger Dienstherrn, Fürsterzbischof Leopold Anton von Firmian. Ein anderer Neffe des Erzbischofs war der damalige Salzburger Obersthofmeister Franz Laktanz von Firmian.

Der Mailänder Graf Firmian war ein Liebhaber von Kunst und Wissenschaft – bildet doch den Grundstock der berühmten Mailänder Bibliothek «Brera» seine einstige Privatbibliothek. Graf Firmian wurde zum großen Förderer der Mozarts in Italien und Mailand und damit zum Hauptstützpunkt ihrer insgesamt drei Italien-Reisen zwischen 1769 und 1772.

Angesichts der klaren Zielvorgaben und den bei solchen Reisen allfälligen Finanzierungsproblemen erscheint es verständlich, daß Leopold Mozart am 13. Dezember 1769 nur mit seinem Sohn, aber ohne Frau und Tochter von Salzburg aus aufbrach. Über Tirol und den Trentino hinausgelangt, war die erste wichtige Station Verona. Hier wie an diversen Orten zuvor, war der Gang der Ereignisse ähnlich wie während der Schlußphase der großen Westreise: Vater und Sohn Mozart suchten Bekannte auf, machten wichtigen Personen ihre Honneurs, Wolfgang gab private und öffentliche Konzerte, spielte verschiedentlich auf der Orgel. In Verona nützte man zudem die Chance, Opernaufführungen zu besuchen. Als Gäste begehrt, genoß man dieses Leben. Ähnlich verlief es bei kürzeren Aufenthalten in Mantua und Cremona. Am 23. Januar 1770 trafen sie schließlich in Mailand ein und wohnten im Kloster der Augustiner von San Marco. In dieser Stadt erschien alles noch großartiger und vergnüglicher, zumal man just während des Karnevals dort eintraf. Beim Grafen Firmian lernten sie den berühmten Mailänder Komponisten Giovanni Battista Sammartini kennen, und Wolfgang erhielt als wertvolles Geschenk des Grafen die Turiner Ausgabe der Werke des großen Librettisten des 18. Jahrhunderts, Pietro Metastasio. Wie üblich und gut geplant, steuerte alles auf einen Höhepunkt dieses ersten Mailänder Aufenthalts hin: Am 12. März 1770 lud Firmian 150 Angehörige des Hochadels zu einem Konzert Mozarts in seinen Palazzo ein. Das Geschenk Firmians sinnfällig aufgreifend, wurden zu diesem Anlaß vier neue Sopranarien Mozarts über Texte Metastasios aufgeführt. Einen Tag später erhielt Mozart einen Vertrag zur Komposition einer Oper für die Karnevalsaison 1770/71, eine höchst ungewöhnliche Chance für einen so jungen Musiker. Schon einen Tag später brachen Vater und Sohn Mozart Richtung Süden auf.

Der Beginn der Reise verlief also fulminant. Getragen von einem wahren Hochgefühl und plötzlich, so als ob sie die Spannung über die Dauer ihrer Abwesenheit hinaus steigern wollten, gingen die beiden auf Bildungsreise, und zwar in einem viel wörtlicheren Sinne, als es sieben Jahre zuvor in Paris oder dann in London möglich gewesen wäre. War doch Wolfgang nun in einem Alter, in dem kritisches Bewußtsein erwacht und gerade er bereits über einen selbst erworbenen großen Bildungshorizont verfügte. Dieser andere junge Mozart tritt uns nun in Briefen gegenüber. Es ist ein Mozart hinter einer Maske der Selbstironie, des Spiels mit Sprachen – mit alltäglichen Sprachfloskeln wie mit opernhaften Affekten –, mit bisweilen ernsthaften und bisweilen an die Grenze des Obszönen vorgetriebenen Gefühlen; doch durch die Maske hindurch schimmert ein Blick voll Zuneigung, den die durchwegs weiblichen Adressatinnen schon verstanden haben werden. Der Sinn des Spiels in den Briefen nach Hause war, die «*allerliebste Schwester*» mehr noch als die Mutter darüber hinwegzutrösten, daß nun die Zeit gemeinsamer Reisen und auch gemeinsamer Konzertauftritte vorbei war.

Die Stationen der beiden Mozarts während ihrer Reise Richtung Süden waren bereits durch die Empfehlungsschreiben, die Graf Firmian ihnen mitgegeben hatte, vorbezeichnet: Bologna, Parma, Florenz, Rom und Neapel. Vom Flair mediterraner Landschaft und dem italienischen Lebens mögen auch sie berauscht gewesen sein, doch verhielten sie sich anders als andere zeitgenössische Italienfahrer. Sie waren keine Aussteiger aus dem gewohnten Gesellschaftsleben, vielleicht Flüchtlinge aus Salzburger Enge, doch suchten sie jedenfalls keine innere Umkehr, auch kein Innehalten, um Kraft für neue künstlerische Wege zu schöpfen; sie reisten auch nicht wie andere inkognito, sondern sie verhielten sich extrovertiert, wollten ihr Ansehen und die Wolfgang entgegengebrachten Erwartungen genießen, ja durch das Knüpfen neuer Kontakte und Erlebnisse möglichst steigern, die künftig werbewirksam würden eingesetzt werden können. Der Karriere-Stratege Leopold Mozart suchte – wie heutzutage ein professioneller Manager – immer und überall, sich und seinen Sohn bei der Hautevolee sowie bei prominenten Musikern bekannt zu machen und Wolfgang Konzertauftritte möglichst mit eigenen Werken zu verschaffen. Um zu verblüffen, aber auch aus finanziellen Überlegungen bestand die Strategie meist darin, bald nach der Ankunft ein Konzert zu geben und nach allen erreichten Erfolgen schnell wieder weiterzureisen.

Unter musikalischen Gesichtspunkten war Bologna ein besonders wichtiger Ort. Dort lebte der angesehenste italienische Musiktheoretiker des 18. Jahrhunderts Padre Giovanni Battista Martini, und es gab eine bedeutende Musikinstitution in der Stadt: die Accademia Filharmonica mit einer noch heute berühmten Musikbibliothek. Padre Martini galt als besonderer Kenner alter Musik. Den Kontakt mit ihm zu suchen, mag besonders den hochgebildeten Musiker Leopold Mozart gereizt haben. Aber auch für Wolfgang konnte jener Hauch von Gelehrsamkeit, wie er sonst bestenfalls Erwachsene umgibt, von Nutzen sein. Wolfgang komponierte Fugen über Themen, die ihm Padre Martini bei ihren Besuchen gab. Große und berechtigte Hoffnungen, Zugang zu Hofe zu erlangen, machte sich Leopold Mozart in Florenz. War doch der dortige Großherzog von Toskana, Leopold, ein Sohn Maria Theresias. Jener erinnerte sich auch noch des Auftritts der Mozart-Kinder am Wiener Hof. Schon zwei Tage nach Ankunft wurden die Mozarts im Palazzo Pitti empfangen. Am Tag darauf gab Wolfgang zusammen mit dem Geiger Pietro Nardini ein Konzert in der großherzoglichen Sommerresidenz Poggio Imperiale. Alles entwickelte sich aufs erfreulichste. Kontakte zu etlichen österreichischen Hocharistokraten konnten erneuert oder neu geknüpft werden, von denen manche bis in die spätere Wiener Zeit Mozarts überdauern sollten (so wurde etwa der damalige Obersthofmeister in Florenz, Graf Franz Xaver Rosenberg-Orsini, später «General-Spektakel-Direktor» in Wien). Ein besonderes und herzliches Zusammentreffen gab es zwischen Wolfgang und dem gleichaltrigen Geiger Thomas Linley, mit dem er häufig gemeinsam musizierte. Solch gemeinsame Auftritte mit anderen Musikern wurden immer wieder, so auch in Rom, lanciert. Dort in Rom verstanden sich die Mozarts auch als Bildungsreisende. Zusammen mit anderen Ausländern, selbst mit Diplomaten und inkognito reisenden Fürsten (etwa dem englischen Thronanwärter Charles Edward Stuart, der als «Graf von Albany» auftrat) unternahm man die üblichen Sightseeing-Touren. Zwar gab Wolfgang auch Konzerte in aristokratischen Palazzi, doch richtete sich das besondere Interesse selbstverständlich auf den päpstlichen Hof im Vatikan.

Die Mozarts hatten am Mittwoch der Karwoche Rom erreicht. Noch am Ankunftstag begab man sich an die heiligen Stätten, um im weiteren die musikalischen Ereignisse der österlichen Zeit in der Peterskirche und in der Sixtinischen Kapelle mitzuerleben. Eine besondere musikalische Faszination übte offensichtlich die Aufführung des «Miserere» von Gregorio Allegri († 1652) aus. Um diese neunstimmige doppelchörige Komposition wurde ein Geheimnis gemacht, ihre Noten durften nicht kopiert werden. Wolfgang schrieb die Komposition aus dem Gedächtnis nieder, und wenngleich dieses «Miserere» nicht sonderlich kompliziert gesetzt ist, war dies doch etwas, das sich gut weitererzählen ließ. Am Gründonnerstag versuchten die Mozarts nach der Fußwaschung zur Kardinalstafel vorzudringen. Sie erschienen mit selbstsicherem Auftreten und in bester Kleidung – und hatten Erfolg. Als zwar ungebetene Gäste wurden sie gleichwohl vom Kardinalstaatssekretär Lazaro Opizio Pallavicini empfangen, der sich über Wolfgang bereits informiert zeigte. Nicht ganz so erfolgreich war man in Neapel; zu einem Auftritt am Hofe König Ferdinands IV. kam es nicht. An sich bestanden alte habsburgische Kontakte zu Neapel, aber seit 1735 herrschten dort spanische Bourbonen. So blieb es bei ehrenvollen Konzertauftritten in den Palazzi der kaiserlichen, französischen und englischen Botschafter. Der Besuch von Sehenswürdigkeiten nahm um so mehr Raum ein – und davon gab es genug, nicht nur in der Stadt, sondern auch außerhalb, wie etwa die Sibyllinische Grotte von Cumae oder die vielbewunderten römischen Ausgrabungsstätten.

Die musikalische Attraktion waren freilich die Besuche im Teatro di San Carlo, bei denen man so berühmte Sänger wie den Kastraten Giuseppe Aprile oder die Sopranistin Anna Lucia de Amicis hörte. Persönlich lernten sie Komponisten vom Range eines

Giovanni Paisiello und Gianfrancesco De Majo kennen – die Chance zu einem produktiven Kontakt mit dem Theater ergab sich nicht. Auf der Rückreise wurden in Rom und in Bologna bereits vorhandene Kontakte in vorteilhafter Weise intensiviert. Den äußeren Glanz der Reise krönte am 9. Juli die Überreichung des päpstlichen Ordens vom Goldenen Sporn durch den Kardinalstaatssekretär Pallavicini im Palazzo Quirinale. Mozart erhielt die höchste Klasse dieses Ordens, die vor ihm als Musiker nur Orlando di Lasso erhalten hatte (Insignien des Ordens: Kreuz am roten Band, Degen, Sporen). Wenige Tage später wurden die Mozarts von Papst Clemens XIV. im Palazzo Santa Maria Maggiore in Audienz empfangen. Bald danach verließen sie Rom in Richtung Bologna, nahmen aber nicht den Weg durch die Toskana, sondern reisten die Adriaküste entlang und besuchten dabei auch den Marienwallfahrtsort Loreto. Die Bekanntschaft mit Padre Martini wurde vertieft und führte dazu, daß der Padre die Aufnahme Wolfgangs als Mitglied der Accademia Filharmonica erwirkte. Zuvor mußte Wolfgang in Klausur eine Prüfungsaufgabe lösen. Deren Ergebnisse blieben erhalten und zeigen, daß Mozart damals durchaus noch nicht firm im strengen kontrapunktischen stile antico war. Diese Prozedur erfolgte Anfang Oktober; den Hochsommer und Frühherbst hatten Vater und Sohn gemeinsam auf einem Landgut des Feldmarschalls Giuseppe Maria Graf Pallavicini in der Nähe von Bologna verbracht, und Wolfgang hatte während der Ferien mit der Arbeit an der Rezitativ-Komposition für die geplante Mailänder Oper begonnen.

Zu weiteren großen Italien-Rundreisen kam es nicht. Die Interessen der Mozarts fokussierten sich auf Mailand und die dortige Oper. Karrierewünsche gediehen dort zu echten Chancen. Doch muß man auch die damaligen Aufführungsgepflogenheiten berücksichtigen, um die mehrmaligen und langen Aufenthalte in Mailand zu verstehen. Kein Komponist des 18. Jahrhunderts hätte zu Hause im stillen Kämmerlein seine Opernpartitur geschrieben und dann seinen Verleger oder Agenten damit beauftragt, auf die Suche nach Aufführungsmöglichkeiten zu gehen. Selbst wenn heutzutage große Opernhäuser gelegentlich Aufträge an bestimmte Komponisten mit ihren Librettisten vergeben, so rechnet doch kein Operndirektor damit, daß sich ein Komponist an Ort und Stelle und in ständigem Kontakt mit ihm an die Arbeit begibt. Anders zu Mozarts Zeiten. Die Oper mußte gefallen – entweder dem Fürsten, der den Betrieb bezahlte, oder dem Publikum, das sich Eintrittskarten kaufte. Der Komponist hatte allgemeine und auch lokale Operngepflogenheiten zu berücksichtigen, und vor allem hatte er die engagierten, je faszinierenderen, desto teureren Sängerinnen und Sänger musikalisch in einem möglichst günstigen Licht erstrahlen zu lassen. Das Mailänder Teatro Ducale mit seinen akustischen und bühnentechnischen Gegebenheiten, das Orchester und das Ballett, die lokalen Usancen und Vorlieben kannte Mozart bereits von zahlreichen Opernbesuchen, nicht jedoch die Sängerinnen und Sänger der Hauptrollen, die häufig als reisende Stars engagiert wurden. Folglich war die übliche Vorgehensweise von Komponisten, so auch die Mozarts, durchaus verständlich: Nach dem Vertrag und der Einrichtung des Textes durch den Librettisten begann man mit der Komposition jener Teile, die standardisiert waren und keiner besonderen Individualisierung bedurften. Primär traf dies für die großen Textmengen der die Handlung vorantreibenden Rezitative zu, aber auch für Chor- und Orchestersätze (die Ouvertüren wurden allerdings meist erst zuletzt geschrieben). Das Wichtigste aber – die Arien für die Protagonisten – konnte erst dann ausgearbeitet werden, wenn die Sänger vor Ort waren. Aus diesem Grund wurde im Vertrag auch vereinbart, daß Mozart für die Komposition 100 Goldgulden erhalten und ihm für die Dauer des Aufenthalts in Mailand eine Wohnung zur Verfügung gestellt werden sollte. Vorab mußte er die Rezitative ans Theater schicken und vom 1. November an persönlich anwesend sein; die Mozarts kamen schon Mitte Oktober. Anfang Dezember begannen die Proben, und die erste Aufführung fand am 26. Dezember statt. Mozart dirigierte die ersten drei Aufführungen selbst vom ersten Cembalo aus. Das Stück war eine Opera seria mit dem Titel «Mitridate, rè di Ponto»; ihre Handlung spielt, wie in diesem Genre «Oper» häufig, in der Antike. Der Aufwand für die Bühnengestaltung war groß, und die Aufführung dauerte, einschließlich der drei Ballette, sechs Stunden. Es kam zu zwanzig Aufführungen in Folge. «Mitridate» war also ein voller Erfolg und zog einen weiteren Auftrag nach sich, sogar einen überaus ehrenvollen. Im Hochgefühl des ersten italienischen Opernerfolges genossen Vater und Sohn einmal mehr den Mailänder Karneval und ihr gesellschaftliches Ansehen in vollen Zügen. Sie reisten wohl Anfang Februar 1771 ab, begaben sich aber von Verona aus nicht geradewegs nach Norden, sondern machten noch eine Schleife Richtung Osten, wobei die wichtigsten Zielorte dieses sechswöchigen Abstechers Venedig und Padua waren. Überall wurden sie mit Ehren, Empfängen sowie mit Einladungen zu Konzertauftritten überhäuft. Hochgestellte Aristokraten, Bischöfe und selbst der Patriarch von Venedig, Musiker und deutsche Kaufleute empfingen sie in freundlichster Weise. Das für die Zukunft Wichtigste war aber der Erhalt von Kompositionsaufträgen. Der März 1771 war in dieser Hinsicht ein ausgesprochener Glücksmonat. In Padua erhält Mozart den Auftrag zur Komposition des Oratoriums «La Betulia liberata». Zuvor schon kam vom rührigen Förderer Graf Firmian ein Opernkontrakt mit einem verbesserten Honorar in Höhe von 130 Golddukaten für die Mailänder Karnevalsoper 1772/73 «Lucio Silla». Noch nicht genug damit, konnte Leopold Mozart wahrnehmbar erregt seiner Frau in Salzburg mitteilen, ihm sei aus Mailand ein Schreiben aus Wien angekündigt worden, *«das euch in verwunderung setzen wird, unserm Sohne aber eine unsterbliche Ehre macht»*. Tatsächlich erreichte sie von Kaiserin Maria Theresia selbst der Auftrag zur Komposition einer Festoper («Serenata teatrale») «Ascanio in Alba» für die im Oktober 1771 in Mailand geplante Vermählung des Gouverneurs und Generalkapitäns der Lombardei, Erzherzog Ferdinand, mit Maria Ricciarda Beatrice d'Este (der einzigen Tochter des Herzogs von Modena Ercole III.).

So werden die Mozarts beschwingt die Atmosphäre Venedigs genossen haben. Aristokraten hatten ihnen ihre Gondeln angeboten, und sie konnten, ausgerüstet mit dem Reiseführer von Giambattista Abbrizio «Forestiere illuminato» (1765), die Sehenswürdigkeiten der Stadt besichtigen. Doch in Anbetracht der drei großen Aufträge drängte gleichwohl die Zeit, und bis zum Ende des Glücksmonats März waren Vater und Sohn wieder in Salzburg mit ihrer Familie vereint. Es gab viel zu tun, und bereits Mitte August mußten sie wieder nach Mailand aufbrechen, um sich möglichst früh in die Vorbereitungen für die Festoper einschalten zu können.

Ein höfisches Fest in der Zeit vor der Französischen Revolution muß, was Prunk, Facettenreichtum vielfältiger Genüsse, Schaustellungen und öffentlicher Beteiligung der Untertanen betrifft, ein überwältigendes Ereignis gewesen sein. Am 15. Oktober traf der Erzherzog in Mailand ein, das Brautpaar begegnete sich erstmals und wurde unmittelbar danach im Dom getraut. Am Abend gab es ein Konzert, am nächsten Tag wurde Johann Adolph Hasses (letzte) Oper «Ruggiero» aufgeführt und am folgenden Tag Mozarts Festoper nach einem grandiosen Wagenkorso gegeben. Im Anschluß an die hochherrschaftliche Hochzeit wurden 220 Brautpaare von der Kaiserin geladen, verheiratet und gespeist. Neben den üblichen Belustigungen wie Pferde- und Wagenrennen gab es die sogenannte Cuccagna, bei der das Volk einen Tempel voll köstlicher Speisen plündern durfte und Wein aus Springbrunnen floß. Der «Ascanio» fügte sich sehr gut in dieses Festgeschehen ein. Die Handlung (Text von Giuseppe Parini, einem angesehenen italienischen Dichter) war die eines antik-mythologischen Pastoraldramas und nahm leicht durchschaubar in huldigender Weise auf das Brautpaar und die beiden Herrscherhäuser Bezug. Die Aufführung fand einhelligen Beifall, der «Bravissimo Maestrino» wurde umjubelt, seine Musik kam besser an als die des in Italien berühmten Altmeisters Hasse. In freudigem Bedauern schrieb Leopold Mozart heim: *«Mir ist Leid, die Serenata des Wolfg. hat die opera von Hasse so niedergeschlagen, daß ich es nicht beschreiben kann»*. Während der Festtage wurde der «Ascanio» noch dreimal und stets mit großem Beifall gegeben. So schien für Graf Firmian der Zeitpunkt günstig, eine Anstellung Wolfgangs am Mailänder Hof zu erwirken. In bester Laune und vermutlich über Firmians Aktivitäten vertraulich informiert, reisten Vater und Sohn nach einer Audienz bei Erzherzog Ferdinand am 5. Dezember von Mailand ab. – Eine Woche später erfolgte gleichsam ein Blitzschlag von höchster Stelle. Als Postscriptum zu einem Brief vom 12. Dezember 1771 erteilte Kaiserin Maria Theresia ihrem Sohn Erzherzog Ferdinand den Rat, den *«jungen Salzburger»* nicht anzustellen; auch äußerte sie sich sehr abfällig über Musiker als unnütze Leute, die wie Bettler herumziehen, zudem sei die Familie Mozart groß: *«vous me demandez de prendre a votre service le jeune Saltzburger ... ce que je dis est pour ne vous charger des gens inutils et jamais de titres a ces sortes des gens. Comme a votre service cela avilit le service quand ces gens courent le monde comme de gueux. Il a outre cela une grand famille. «*

Was hier vorgefallen war, bleibt unklar. Wir wissen nicht einmal, ob Mozart und sein Vater je den vollen Inhalt der bösen Worte der Kaiserin erfahren haben. Vermutlich nicht, der Förderer Graf Firmian wird verbindlichere Worte gefunden haben. Kam bei der Kaiserin ein grundsätzlicher Widerwillen gegen den vagierenden Lebensstil so mancher Künstler zum Tragen, oder hat sie vorausgesehen, daß Mozart Erzherzog Ferdinand mit ständigen Urlaubsansuchen bedrängen und seinen eigentlichen Verpflichtungen nur unzureichend nachkommen würde? War ihr die Hartnäckigkeit der Mozarts, die bei den Beschwerden wegen der Intrige um die Aufführung von der «Finta semplice» sehr deutlich geworden war, schlichtweg lästig geworden? Wie auch immer, Vater und Sohn Mozart vermochten sich zunächst über dieses Mißlingen hinwegzutrösten. Schließlich hatte man zwei italienische Verträge für die nächste Saison in der Tasche, und bei dem hohen bereits gewonnenen Ansehen würde sich schon alles weitere finden.

Für die Dauer des zehnmonatigen Aufenthalts in Salzburg von Weihnachten bis Ende Oktober 1772 gab es genug zu tun. Auch dort stand ein großes Ereignis bevor. Fürsterzbischof Schrattenbach sollte am 10. Januar 1772 sein fünfzigjähriges Priesterjubiläum feiern. Als Huldigung hatte Mozart schon im Sommer zuvor die Azione teatrale «Il sogno di Scipione» KV 126 komponiert. Doch einen Tag nach der Ankunft von Vater und Sohn Mozart in Salzburg verstarb am 16. Dezember der Erzbischof. Im März 1772 wurde als dessen Nachfolger der Bischof von Gurk, Hieronymus Graf Colloredo – den Mozart schon in Rom kennengelernt hatte – gewählt. Mozart änderte in der Licenza seines Huldigungsstückes einfach die Namen «Sigismondo» zu «Girolamo» um und konnte es so anläßlich der Feiern zum Einzug des neuen Fürsterzbischofs Ende April aufführen. Dies wirkte sich günstig aus, und Wolfgang wurde zu einem Honorar von 150 Gulden als Konzertmeister am Salzburger Hof bestellt. Das Oratorium «La Betulia liberata» hat Mozart wohl 1772 in Salzburg komponiert, aber es kam weder in Padua noch sonst irgendwo damals zur Aufführung. Die Gründe dafür bleiben völlig ungewiß, zumal weder Vater noch Sohn Mozart sich jemals in Briefen dazu geäußert haben. Jedenfalls reisten sie früh im Herbst nach Mailand, um gleich mit der Arbeit am «Lucio Silla» beginnen zu können. Anfang Dezember traf die Primadonna Anna Lucia de Amicis in Mailand ein, und am 26. Dezember konnte die Premiere als erste Karnevalsoper der Saison erfolgen. Der Erzherzog und seine Gemahlin waren anwesend, der Beifall allgemein. Überhaupt wurde «Lucio Silla» zu Mozarts größtem italienischen Opernerfolg, das Stück wurde sechsundzwanzigmal gegeben, was nach damaligen Gepflogenheiten sehr viel war. Wieder wurden die Mozarts in der Mailänder großen Gesellschaft herumgereicht; Wolfgang trat mit eigenen Werken verschiedentlich, am häufigsten im Hause des Grafen Firmian, auf; er komponierte in dieser Zeit auch Kirchenwerke, so die berühmt gewordene Motette «Exultate, jubilate» KV 165 für den Kastraten Venazio Rauzzini, der im «Lucio Silla» als Protagonist aufgetreten war. Sie genossen die Karnevalssaison; Leopold erreichte durch eine vorgeschobene Erkrankung die Verlängerung des Urlaubs. Aber er verfolgte auch ein ernstes Geschäft. Mit Hintergedanken ließ er dem Großherzog Leopold von Toskana die Partitur des «Lucio Silla» überreichen. Der Großherzog bot aber Wolfgang keine Stellung in Florenz an. Die Reserven der Kaiserin werden auch hier ihre Wirkung getan haben. So blieb Vater und Sohn nichts anderes übrig, als Anfang März die Heimreise anzutreten, um ihren Verpflichtungen am Salzburger Hof nachzukommen.

Die Pläne, in Italien Karriere zu machen, waren also – in der Perspektive der Zeitgenossen – fürs erste ins Stocken geraten.

Wir aber wissen, daß Mozart nie mehr italienischen Boden betreten sollte. Daß sich jedoch Zeit seines Lebens aus Italien kein Opernauftrag mehr einstellte, ist auch für den distanzierten Beobachter nicht verständlich. Es wird argumentiert, die Musik zum «Lucio Silla» sei für den italienischen Geschmack zu düster und musikdramatisch zu innovativ gewesen. Wenn dem so war, bleibt zumindest unerklärlich, warum gerade diese Oper in Mailand zu einem solch großen Erfolg geriet. Die unmittelbar Betroffenen sahen damals jedenfalls keinen Grund, jede Hoffnung fahren zu lassen. Die väterliche Strategie war es offensichtlich, die in Italien nicht gefundene, aber in Salzburg ja vorhandene Anstellung Wolfgangs fürs erste zu stabilisieren. Ob es eine kluge Taktik ist, einen Fürsten zu bedrängen, bleibe dahingestellt. Jedenfalls brachen Vater und Sohn nach nur vier Monaten in Salzburg Mitte Juli nach Wien auf. In den Sommermonaten war es sicherlich am leichtesten, sich von Dienstverpflichtungen vorübergehend zu lösen. In Wien verlief alles wie gewohnt: Alte Bekanntschaften wurden erneuert, neue Kontakte geknüpft; soweit im Sommer möglich, war man musikalisch aktiv. Am 5. August schließlich war das Ziel erreicht: Vater und Sohn Mozart wurden von Kaiserin Maria Theresia wohl im Schloß Laxenburg in Audienz empfangen. Was Leopold Mozart darüber in beruhigender und hinhaltender Unverbindlichkeit seiner Frau berichtet, muß im Ergebnis ernüchternd gewesen sein und Leopold Mozart klar gemacht haben, daß er bei der Kaiserin in Ungnade gefallen war: «*S:ᵉ Mst: die Kayserin waren zwar sehr gnädig mit uns, allein dieses ist auch alles und ich muß es Dir mündlich zu erzehlen auf unsere Rückkunft ersparen, dann alles lässt sich nicht schreiben.*» Auf Wegen, die wir nicht und die vielleicht auch Leopold Mozart damals nicht genau durchschauen konnte, hatte sich etwas sehr Gravierendes ereignet – ein Karriereknick; und zwar zu einem Zeitpunkt, als sich weitende und intensivierende Erfolge, zuletzt im Musikland Italien, Hoffnungen auf eine große Zukunft zu eröffnen schienen. Damit umzugehen war sicherlich schwierig. Leopold Mozart und mehr noch sein Sohn neigten dazu, den Rückschlag durch Aktivitäten zu überwölben, vor den anderen zu verbergen und bei sich selber vergessen zu machen. Das Ansehen beruht wohl in hohem Maße auf einer momentanen Zustimmung, aber ohne das Fundament einer respektablen Position im höfischen Musikleben ist es leicht irritierbar – und schon fällt man aus dem Wölkchen der guten Fama. Mozart blieb Salzburg. Sein Problem war, sich darauf in einer Weise einzulassen, die ihm sicherlich eine größere Karriere bei Hofe ermöglicht hätte, als er sie erreichte. Aber die Ruhe, eine solche Strategie zu verfolgen, fehlte ihm, und sie fehlte zunächst auch seinem Vater. Trotz der Enttäuschung am Kaiserhof suchten Vater und Sohn Mozart bei dem zufällig in Wien anwesenden Erzbischof Colloredo um eine Verlängerung ihres Urlaubs an, und sie wurde ihnen gewährt. Von der Gesellschaft verwöhnt wie immer kehrten sie erst Ende September nach Salzburg zurück.

Was es ihnen so schwer machte, gewisse Realitäten zu akzeptieren, war noch ein anderes: die äußere und innere Entwicklung Wolfgangs als Komponist, seine zunehmende Souveränität und Kreativität. Als Siebzehnjähriger hatte er in der Tat einen künstlerischen Erwachsenen-Status erreicht, der es erlaubte, entsprechende Ansprüche an die Gesellschaft zu stellen. Auf diesem Feld hatten ohne jeden Zweifel die Italienreisen einen reichen und nachhaltigen Ertrag gezeitigt. In seinen italienischen Jahren ist Mozart primär zum Komponisten geworden. Den seltenen Presseberichten zu Beginn der ersten Reise zufolge trat Mozart noch wie in seiner Wunderkind-Zeit auf und präsentierte neben eigenen Kompositionen vor allem seine Fähigkeiten am Klavier im Blattspielen, Improvisieren und musikalischen Umsetzen irgendwelcher Vorgaben aus dem Publikum. Diese vordergründige Attraktion wich jener gehaltvollen des Komponisten in seinen Werken. Mozart hatte überall Anregungen aufgegriffen, doch waren die wichtigsten aus Mailand gekommen. Die Tradition der Mailänder Sinfonik und Kammermusik hatten ihn stilistisch zu einer reichen Produktion angeregt. Selbstverständlich spielte die italienische Vokalmusik eine große Rolle, nicht nur die Opern; Mozart setzte sich intensiv mit den Texten Pietro Metastasios auseinander. Nicht vergessen seien auch die kirchenmusikalischen Kompositionen Mozarts aus dieser Zeit. Seine Kreativität äußerte sich aber über den Reichtum der Produktion und über sein Assimilitationsgenie hinaus in einer spezifischen Originalität.

Gerade in der Zeit 1772/73 führte er in Mailand und Salzburg wahre Geniestreiche aus. Mozart muß sich in einer schöpferischen Hochstimmung, in einem Gefühl, beständig musikalisch Neues erkunden und auch erreichen zu können, befunden haben. Auch in der Familie und im gesellschaftlichen Leben Salzburgs hätte er sich behaglich fühlen können. Damit auch die Rahmenbedingungen die äußere Harmonie fördern mochten, gab Leopold Mozart unmittelbar nach der Heimkehr aus Wien die für die inzwischen zu Erwachsenen herangereiften Kinder zu klein gewordene Wohnung in der Getreidegasse auf. Die Familie zog ins Tanzmeisterhaus am Hannibal-Platz in sehr viel großzügigere Wohnverhältnisse um. Von einem schöpferischen Einbruch damals kann keine Rede sein. Noch im ausgehenden Jahr 1773 komponierte Mozart die kleine g-Moll-Sinfonie und sein erstes eigenständiges Klavierkonzert – jenes in D-Dur KV 175.

Leopold Mozart hatte stets einen Zug «zum Höheren», und nach all den nicht zuletzt gesellschaftlichen Reiseerfolgen mit seinen Kindern brachten die Mozarts tatsächlich ein Flair der großen Welt in das Salzburger Gesellschaftsleben. Sie waren in der aristokratischen und bürgerlichen Hautevolee integriert. Leopold Mozart mußte sich nicht nur mit den Musikern und im Rang vergleichbaren anderen Hofbediensteten abgeben. Selbst zu musizieren und Musiken zu veranstalten, galt damals als gesellschaftliches Status-Symbol. Selbstverständlich gab es Unterschiede zwischen aristokratischen und bürgerlichen Häusern. Eine führende Position nahmen die Grafengeschlechter der Firmians, der Lodrons und der Arcos ein. Sie alle waren den Mozarts wohlgesonnen. Von der Förderung durch Angehörige der Familie Firmian in Italien war schon die Rede.

Der noch heute bewunderte barocke Glanz der Salzburger Architektur stammt zu einem erheblichen Maße aus der Regierungszeit des Fürsterzbischofes Paris Lodron. Seine Familie besaß in Salzburg zur Zeit Mozarts immer noch zwei Paläste. Dort trafen sich regelmäßig an Sonntagen Aristokraten und Bürger zu

Akademien, die zeitweise sogar von Leopold Mozart musikalisch betreut wurden. Später gab es im Hause Arco etwas Vergleichbares, sogenannte «Freitags-Exerzier-Akademien». Der Hausherr Graf Georg Anton Felix war Obersthofmeister – also eine sehr hochgestellte Persönlichkeit –, zudem musikliebend und der Familie Mozart sehr zugetan. Angesehene und reiche bürgerliche Familien des Kaufmannsstandes wie die der Robinig, der Haffner und Antretter oder Familien des geadelten Beamtenstandes wie der Schiedenhofen, der Gilowsky, Mölck und Barisani eiferten dem aristokratischen Vorbild nach. Schon etwa seit der Jahrhundertmitte und immer noch in Mode war eine klein besetzte Form instrumentaler Ensemblemusik, deren geistvoll unterhaltender Charakter sich schon in Bezeichnungen wie Divertimenti, Serenaden, Cassationen oder Nachtmusiken andeutet. Gerade in den Salzburger Jahren nach den Italienreisen hat sich Mozart dieses Genre komponierend umfassend angeeignet. Manche dieser Stücke sind für die Musizierkreise der genannten Häuser geschrieben worden. So auch das Divertimento KV 334 für Robinig, und die Nickname-Bezeichnungen Haffner-Serenade (KV 250) oder jene der wunderschönen «Lodronschen Nachtmusiken» (KV 247, 287 und vermutlich auch KV 289) sprechen für sich. Auch in Salzburg war es wieder eine musikliebende Aristokratin, die Gräfin Maria Antonia Lodron, die Mozart besonders zu neuen Kompositionen anregte. Für diese Gräfin komponierte Mozart etwa das Konzert für drei Klaviere KV 242. Doch nicht nur für gehobene gesellschaftliche Ereignisse war gesorgt: Der angeblich so strenge Leopold Mozart war Initiator einer Schützenkompanie; geschossen wurde mit Bolzen aus Windbüchsen auf bemalte und mit humorigen Sprüchen versehene Scheiben. Man nannte das «*Bölzelschießen*». Natürlich wurde in der Familie viel musiziert, im Saal desTanzmeisterhauses auch halböffentliche Konzerte veranstaltet. Man ging mit Freunden auf Bälle, ins Theater, machte Wagenausflüge in die schöne Salzburger Umgebung, an den Abenden spielte man gerne Karten (am liebsten Tarock).

Auch die dienstlichen Pflichten bei Hofe gestalteten sich für Wolfgang kaum so unerfreulich, wie er sie empfand. Der Erzbischof Colloredo war ein aufgeklärter Fürst, kunstsinnig wie Maria Theresia und Joseph II., aber auch sparsam wie sie. Er schränkte die höfische Repräsentation ein, und in der Kirche, bei der Feier der Liturgie suchte er eine Volksnähe und eine Konzentration auf das Wesentliche. Dies brachte freilich auch für die Kirchenmusik Einschränkungen in Umfang und Dauer mit sich. Darauf mußte sich Mozart als Komponist einstellen. Dennoch hat er viel Kirchenmusik, wenn auch keine großen und mit künstlerischem Aufwand opulent ausgestattete Festmessen komponiert. Dies also konnte nicht der Anlaß seines Unbehagens und seines zunehmenden Widerwillens gegen Colloredo sein. Als der Jüngste unter den komponierenden Hofmusikern erhielt er gleichwohl Gelegenheit, sich bei großen Anlässen zu präsentieren. Ein solcher war der Aufenthalt des Erzherzogs Maximilian Franz in Salzburg, der sich auf der Reise von Wien nach Italien befand. Für diesen Anlaß im April 1775 komponierte er eine zweiaktige «Serenata» mit einer huldigenden Pastoralhandlung «Il re pastore». Der Text stammt von Pietro Metastasio, wurde wiederholt vertont und wie üblich als Libretto jeweils lokalen Erfordernissen angepaßt. Die Salzburger Aufführung nahm sich eine zum Vorbild, die im Jahr zuvor in München mit der Musik Pietro Alessandro Guglielmis stattgefunden hatte. Für diese Aufführung wurden gleichfalls aus München zwei hervorragende Musiker engagiert – der Kastrat Tommaso Consoli und der Flötist Johann Baptist Becke. Hier deutet sich bereits an, was Mozart Unbehagen bereitete – es blieb eben ein Sonderereignis, ein laufender Opernbetrieb war in Salzburg undenkbar. Hatte Mozart bereits als Kind auf seinen Reisen das außergewöhnliche Musikgeschehen an europäischen Höfen und in den Metropolen als Normalität erlebt, so riefen die Salzburger Verhältnisse Ungeduld bei ihm hervor. Die erlebte große Welt und den erlebten eigenen künstlerischen Aufstieg zu missen, ja zu verlieren, ließ sich nicht mit der Behaglichkeit in Salzburg kompensieren.

Um nicht leichtfertig die Anstellung in Salzburg zu riskieren, lag es einmal mehr nahe, das Augenmerk auf die bayrische Residenz in München zu richten. Schon 1774, also noch vor dem

«Re pastore», ergab sich eine günstige Konstellation. Ein bayrischer Gesandter am päpstlichen Hof sah in einem römischen Theater zu Neujahr 1774 die Oper «La finta giardiniera» mit der Musik von Pasquale Anfossi (Libretto vermutlich von Giuseppe Petrosellini) und berichtete davon in anregender Weise nach München. So mag der Gedanke entstanden sein, für die nächste Karnevalssaison eine «Finta giardiniera» in München zu planen. Daß Mozart den entsprechenden Kompositionsauftrag erhalten hat, dürften zwei Männer eingefädelt haben. Der eine war der Bischof von Chiemsee, Graf Waldburg-Zeil, ein Salzburger und lebenslanger Förderer Mozarts, der außerdem die Angelegenheiten des Erzstiftes Salzburg in München vertrat. Der andere und eigentliche Auftraggeber konnte nur der kurfürstliche Hoftheater-Intendant Graf Seeau sein. Den Vertrag erhielt Mozart im Spätsommer 1774. Im Karneval 1775 verbrachte die ganze Familie Mozart eine schöne Zeit in München mit Festen und musikalischen Einladungen. Die Oper indes erlebte nur zwei Wiederholungen, war demnach kein großer Erfolg. So war auch keine Auswirkung auf die nächste Zukunft zu erwarten. Erst Anfang März 1775 kehrten die Mozarts nach Salzburg zurück. Über die folgenden zwei Jahre hinweg entfaltete sich so recht die Salzburger Behaglichkeit und Mozarts sehr fruchtbare kompositorische Tätigkeit für das Gesellschaftsleben.

Aber Mozarts Ungeduld wuchs in dieser Zeit weiter. Sie schien sich nur auf seine Karriere als Künstler zu beziehen. Als junger Mann von bald zwanzig Jahren war ein pubertäres Aufbegehren gegen seine Eltern längst überfällig, aber es scheint nicht erfolgt zu sein. In der uns zugänglichen Schauseite dürfte sich sein Liebesleben auf Tändeleien im Kreis der Freundinnen seiner Schwester beschränkt haben. Seine aufgestaute Energie entlud sich erst 1777 in der Aufmüpfigkeit gegen seinen Fürsten.

Wie ein Blitz aus heiterem Himmel erscheint im August 1777 Mozarts Gesuch um Entlassung aus dem Hofdienst. So ganz spontan wird er aber diesen Schritt kaum unternommen haben. Wir wissen aus der Salzburger Zeit zuvor nur wenig über persönliche Befindlichkeiten, da die Mozarts keine größeren Reisen unternahmen und uns folglich kein Briefverkehr Einblick gewährt. Aus Salzburg wurde man nicht so leicht wegberufen, wenn man nicht beständig anderswo präsent war. Umgekehrt erscheint es als legitimes Anliegen eines Fürsten, seine Hofmusiker für sich zur Verfügung zu haben. Schon zu Beginn seiner Regentschaft wurde Erzbischof Colloredo von den Mozarts über Gebühr mit Urlaubsansuchen bedrängt. Zunächst war er großzügig, hielt sich aber dann mit Erlaubnissen immer mehr zurück. 1777 mußte die Stimmung auf beiden Seiten schon sehr gereizt gewesen sein. So klingt jedenfalls die Antwort Colloredos, *«daß Vater und Sohn nach dem Evangelio die Erlaubniß haben, ihr Glück weiter zu suchen»*. Das wollten sie ja. Aber Leopold Mozart wagte es nun nicht mehr, Frau und Tochter und einen stattlichen Haushalt ohne festes Einkommen zurückzulassen. Er lenkte ein, und auch der Erzbischof nahm seine Entlassung wieder zurück.

Wir wissen von keinen zuvor vorhandenen Spannungen zwischen Vater und Sohn. Aber Leopold zweifelte wohl an den pragmatischen Fähigkeiten und am Realitätssinn seines Sohnes, sonst hätte er dem Einundzwanzigjährigen nicht die Mutter mit auf die Reise gegeben. Er sollte mit seiner Einschätzung recht behalten. Wir können uns – wider besseres Wissen – auch nur schlecht vorstellen, was wohl geschehen wäre, wenn Mozart tatsächlich in Mannheim oder Paris eine respektable Position gefunden hätte. Wären dann Vater und Schwester nachgezogen, oder wäre die Mutter alleine nach Salzburg zurückgekehrt?

Am 23. September um 6 Uhr früh verließen Mutter und Sohn Salzburg – nicht gleich in die große weite Welt. Zunächst suchte Mozart sein Glück in München. So weit reichte der Arm des fürsorglichen Vaters. Es schien ja nur folgerichtig zu sein, dort an die zuletzt bei der Aufführung der «Finta giardiniera» gepflegten, guten Kontakte anzuknüpfen. Als wären nicht inzwischen zwei Jahre vergangen, verlief alles weiter wie gewohnt. Die Personen blieben die gleichen, der Kurfürst, der Theater-Intendant, der bischöfliche Förderer und der Wirt «Zum schwarzen Adler». Nur ging es diesmal weniger um einen Opernauftrag als um einen Dienst bei Hofe, und dieses Bemühen blieb nach wie vor erfolglos. Einmal mehr fühlte sich ein Fürst von den Mozarts bedrängt. Schon Graf Seeau verhielt sich bei Mozarts Besuch *«viel ernsthafter und nicht so natürlich wie das erste mahl»*. Der Bischof vom Chiemsee, Graf Waldburg-Zeil, sprach bei der Kurfürstin Maria Anna Sophie vor, um Mozarts Chancen zu erkunden. Die Kurfürstin *«schupfte die Achseln»* – mit dieser Geste war alles gesagt. Doch Mozart wollte es noch nicht wahrhaben. Ein Hofmusiker, der Cellist Franz Xaver Woschitka, bot sich an, eine Audienz beim Kurfürsten zu vermitteln. Tatsächlich kam es zu einer kurzen Unterredung bei Hofe, bei der Kurfürst Maximilian III. Joseph knapp erklärte: *«Es ist keine vakatur da.»* Ausgestattet mit seinen Diplomen, besuchte Wolfgang nochmals den Grafen Seeau und andere Aristokraten. Was sollten die nach solch peinlichen Auftritten tun? Mozart wollte die Realität nicht wahrhaben und genoß schöne Tage voll erfolgreichen Musizierens und Geselligkeit.

Und als ihm dies nicht mehr die gewünschte Entlastung schuf, da begegnete ihm gerade zur rechten Zeit ein munteres Mädchen, das ihm half, auf andere Gedanken zu kommen: sein *«Bäsle»*. Während eines zweiwöchigen Aufenthalts in Augsburg war er viel mit ihr, der Tochter Maria Anna Thekla seines Onkels Franz Alois Mozart, beisammen. Aber er zog sich nicht mit ihr zurück, verdrängte nicht seine künstlerischen Ambitionen, sondern stürzte sich selbstbewußt ins Gesellschaftsleben, interessierte sich für andere Musiker und für alles, was in Augsburg mit Musik zu tun hatte, und gab Akademien. Bei einem dieser Konzerte traf er Melchior Grimm aus Paris wieder, was er wohl als gutes Zeichen für die Zukunft deutete. Jedenfalls fühlte er sich im altvertrauten und in einem neuen Leben, frei vom prüfenden Blick des Vaters und glücklich. Wäre ihm nicht die nagende Unruhe geblieben.

Doch die erfüllte zu Hause auch den Vater. Der entsprechende Ton durchzieht seine Briefe, die – voll von Sorge um das Wohlergehen von Frau und Sohn – das sich in Illusionen verlierende Handeln Wolfgangs begleiten. Erst in dieser Konstellation tritt die Emanzipation Wolfgangs von seinem Vater zutage. Aber nicht in einem offenen Aufbegehren. In die Augen schauen mußte er ja seinem Vater nicht, und so meinte er ihn durch ein Maskenspiel von seinem Leben fernhalten zu können. Er verstellte sich in seinen Briefen an ihn, spielte Fachmusikalisches und auch Unwesentliches hoch, verschwieg ihm Wesentliches und mimte den braven Sohn, der einem angenommenen Idealbild des Vaters entsprach.

Erst nachdem Mozart mit seiner Mutter Augsburg verlassen hatte und Ende Oktober in Mannheim eintraf, um dort für längere Zeit zu bleiben, wird Mozarts Beziehung zu seiner Base Thekla für die Nachwelt greifbar und interessant – eben als eine Beziehung in Briefen. Freilich ist es amüsant zu spekulieren, was Wolfgang zuvor in Augsburg mit seinem Bäsle verbunden hat und was nicht. Seine brieflichen, spätpubertären Ergüsse in ihrer grotesken Offenheit erscheinen mir nicht zuletzt als ein fiktionales Spiel aus der Distanz. Seine Briefe enthalten nicht nur Fäkalhumor, sondern zeugen auch von seiner Lust an einer verkehrten Welt. Die Realität seiner Lebenssituation, die er sich damit vom Leibe zu halten trachtet, stellt er in einem Brief an das Bäsle etwa so dar: Er erzählt von seiner Unsicherheit, ob er noch in Mannheim bleiben soll oder nicht, und formuliert dann seine ‹eigentliche› Absicht so: «*Doch jetzt glaub ich wird Mannheim bald abreisen. Doch kann Augsburg von Ihnen aus noch immer nach mir schreiben und den Brief an Mannheim adressiren bis auf weitere Nachricht.*» Diese Verkehrung von Subjekt und Objekt, Ursache und Wirkung, entwirklicht seine Absicht, vielleicht Mannheim tatsächlich zu verlassen; das Ganze mündet dann im reinen Spiel ohne tiefere Absicht, wenn er weiterblödelt: «*Vergessen Sie nur auch nicht München nach der Sonata zu komponiren, denn was man einmal gehalten hat, muß man auch versprechen, man muß allezeit Wort von seinem Mann seyn.*» Freilich werden solche Subtilitäten dann auch wieder – mit spiegelfechterischer Absicht natürlich – durch handfeste Schweinereien zugedeckt: «*Iezt wünsch ich eine gute nacht, scheissen Sie ins Beet daß es kracht; schlafens gesund, reckens den arsch zum mund; ich gehe izt nach Schlaraffen, und thue ein wenig schlaffen. Morgen werden wir uns gescheut sprechen brechen. ich sage Ihnen eine sache menge zu haben, Sie glauben es nicht gar können; aber hören Sie morgen es schon werden. Leben Sie wohl unterdessen, ach Mein arsch brennt mich wie feuer!*»

Die Wirklichkeit entwickelte sich indes nach einem ebenso stabilen wie unerfreulichen Muster. Mannheim war ein überaus attraktiver und respektabler Ort, von einer möglichen Karriere dort konnten Vater und Sohn Mozart nur schwärmen. An der kurpfälzischen Residenz gab es ein opulent ausgestattetes Kunst- und Kulturleben, das Orchester galt als das beste in Europa. Selbstverständlich gab es dort hervorragende Musiker in großer Zahl, die Mozart, wie es sich gehört, höflich und freundlich aufnahmen, aber sicher nicht bereit waren, ihm zuliebe ihren Platz zu räumen. Doch ließ sich zunächst alles bestens an. Christian Cannabich, zu dem und dessen Familie sich eine wahre Freundschaft entwickelte, und der Oboist Friedrich Ramm bemühten sich um Wolfgang. Der Kapellmeister Ignaz Jakob Holzbauer stellte ihn dem Intendanten Graf Louis Aurel Savioli vor, und das gleiche tat dann der Graf bei der Kurfürstin Elisabeth Auguste. Schon eine Woche nach der Ankunft konnte Mozart im Schloß und in Anwesenheit des Kurfürsten eine Akademie geben. Wenige Tage darauf spielte er beim Gottesdienst in der Hofkapelle die Orgel. Als Geschenk erhielt er eine goldene Uhr. Es folgte das Übliche: Mozart wurde herumgereicht, hatte als Musiker Erfolge und mühte sich um Kontakte zur kurfürstlichen Familie. Dies gelang ihm bei den musizierenden Kindern des Kurfürsten, denen er auch eigene Werke schenkte. Graf Savioli schien sein Förderer zu werden. Auch Leopold Mozart machte sich Hoffnungen, der Kurfürst werde Wolfgang zumindest auf Zeit anstellen. Er bedachte aber auch bereits Mitte November schon wieder Möglichkeiten einer Weiterreise nach Mainz, Frankfurt und Bonn; Plänen, nach Paris zu gehen, hingegen stand er aus begreiflichen Gründen (hohe finanzielle Kosten, fehlende Empfehlungsschreiben) eher skeptisch gegenüber. Wolfgang bedrängte unterdessen den Grafen Savioli zu intervenieren, doch der Kurfürst schwieg. Einmal mehr wurden die Mozarts bei einem Hofe offenkundig lästig. Im Dezember folgte dann Saviolis Bescheid an Mozart, und der mußte seinem Vater klipp und klar schreiben: *«Hier ist es dermalen nichts mit dem Kurfürsten»*.

Nun sollte der Schuldirektor Joseph Mesmer, ein Bruder des Arztes, am Wiener Hof ein Empfehlungsschreiben an Marie Antoinette, eine Tochter Maria Theresias und nun Königin von Frankreich veranlassen. Wie aber sollte das gehen, und was sollte es vernünftigerweise bewirken? Selbst noch vorhandene Erinnerungen in Paris an das Wunderkind Mozart waren dort doch bloße Erinnerungen, hätten aber niemals ausgereicht, etwas zu gewähren. Real war die schöne Welt der Fiktionen, in die sich Mozart einspann, nur in der Musik, in seinen vielfältigen musikalischen Aktivitäten und in seiner kompositorischen Produktivität. Immerhin behielt Mozart soviel Realitätssinn, die Kosten für das sicher bescheidene Leben seiner selbst und seiner Mutter irgendwie zu erwirtschaften. Dies funktionierte nicht allein mit Krediten von zu Hause und auch nicht ausschließlich durch gelegentliche Einkünfte aus Konzerten und durch Geschenke. So unterrichtete Mozart in Mannheim relativ viel und regelmäßig; dies verhalf zu kalkulierbaren Einkünften, aber es änderte natürlich nichts an der im Grunde aussichtslosen Situation vor Ort.

Dieser Zustand des Lavierens wurde vom Vater mit zunehmendem Argwohn beobachtet. So traten Spannungen zwischen Vater und Sohn deutlicher als je zuvor auf, nicht zuletzt über den Umgang mit anderen Musikern. Wie schon mehrmals zu sehen war, machte sich Leopold Mozart nur ungern mit seinen Musikerkollegen gemein. Auch Wolfgang hat sich in seiner leicht reizbaren Stimmung vor dem Abgang aus Salzburg sehr abfällig über die *«liederlichen»* Salzburger Hofmusiker geäußert. In Mannheim jedoch äußerte er schon im Dezember Pläne, zur Fastenzeit des nächsten Jahres mit Mannheimer Musikern, dem Oboisten Ramm, dem Flötisten Wendling und dem Ballettmeister Lauchéry nach Paris zu ziehen. Leopold erschien das alles unüberlegt, und er durchschaute vermutlich recht gut die Vorgänge: *«allein man suchte Dich gleich anfangs an verschiedenen Orten so gut zu unterhalten, daß Du auf alles vergessen musstest, und nur mit Deinen Gedancken an demjenigen in voller Hofnung hängen bliebst, was man Dir vorsagte, ohne weiter zu Speculieren, und Mittl ausfündig zu machen desto gewisser dazu zu gelangen – – man kann niemals zu viel Weg ausdenken, wenn man ein Ziel erreichen will; weil man auch alle ungünstige Verhindernissen nicht voraussehen kann.»* (Brief vom 11. Dezember 1777) Schon zuvor wurde Wolfgang gegenüber seinem Vater frech und sarkastisch, wenn auch mit der Geste eines Mannes, der sich falsch verstanden und beleidigt fühlt: Nachdem er umständlich die Ursachen seines Handelns zu erläutern versucht hatte, meinte er: *«wenn Sie aber die ursach, meiner Nachlässickeit, Sorglosikeit und faulheit zuschreiben, so kann ich nichts als mich für Ihre gute Meinung bedancken, und von herzen bedaueren, daß Sie mich, Ihren Sohn, nicht kennen.»* So ging es über Wochen in stets endlos langen Briefen hin und her. Über alle Paris-Debatten hinweg aber entwickelte sich für Wolfgang eine sehr reale Ursache, in Mannheim zu bleiben – die Liebe zu einem Mädchen. Als der Vater das zu durchschauen begann und erkannte, wer und aus welcher Familie sie war, äußerte er sich entrüstet. Die «*Weberischen*» lautete dieses Thema mit diversen Variationen, das zu lebenslangen Konflikten führen sollte.

So schien es Wolfgang angezeigt, sich dem Vater als ein Sohn voll Pläne und vernünftiger Aktivitäten zu präsentieren. In dieses Konzept paßte recht gut, auf Anraten eines holländischen Offiziers in Mannheim für einige Tage nach Kirchheimbolanden zu der sehr musikliebenden Prinzessin Caroline von Nassau-Weilburg zu reisen. Die Prinzessin hatte sich gegenüber den Mozarts schon 1765 in Den Haag als eine engagierte Förderin erwiesen. Von diesem Plan berichtete Mozart am 17. Januar 1778 seinem Vater. En passant führte er in diesem Zusammenhang die Weberischen bei ihm ein. Er habe der Prinzessin vorneweg etliche seiner Kompositionen geschickt, die Kopiatur der Noten habe *«ein gewisser H: weber, welcher mit mir hinübergehen wird gemacht»*. Und dann kommt er ebenfalls en passant zum ihm eigentlich Wichtigen: *«ich weis nur nicht habe ich schon von seiner tochter geschrieben oder nicht – – sie singt halt recht vortreflich, und hat eine schöne reine stimm. es geht ihr nichts als die action ab, dann kann sie auf jedem theater die Prima Donna machen. sie ist erst sechzehn Jahr alt. ihr Vatter ist ein grund-ehrlicher teutscher Man, der seine Kinder gut erzieht, und das ist eben die ursach warum das mädel hier verfolgt wird.»* Fridolin Weber habe eine Frau und sechs Kinder, verdiene viel zuwenig, aber sein größtes Glück sei, daß er *«von allen Ehrlichen und gut denkenden leuten gelobt wird»*. Tatsächlich reiste Wolfgang ohne seine Mutter mit der jungen Sängerin Aloisia Weber und ihrem Vater für eine Woche zur Prinzessin von Nassau-Weilburg. Sie konzertierten mehrmals mit Erfolg, aber ohne irgendeine Nachhaltigkeit. Unmittelbar danach gab Mozart seine Absicht auf, mit den beiden Mannheimer Musikern Wendling und Ramm nach Paris zu gehen. Die daheimgebliebene Mutter wurde in dieser Zeit mit Briefen und Unsinns-Poesie, als wäre sie ans *«Bäsle»* gerichtet, bei Laune gehalten. Das klang etwa so: *«Madame Mutter! / Ich esse gerne Butter.»* und endete: *«Daß ich am Montag die Ehre hab, ohne viel zu fragen, Sie zu embrassiren und dero Händ zu küssen, doch Werd' ich schon vorhero haben in die Hosen geschißen. à dieu Mamma Dero getreues Kind ich hab' den Grind Tramoz.»* Dem Vater teilte er mit – in seiner Verliebtheit vielleicht nur unbewußt provozierend – er habe nun vor, mit Herrn Weber und dessen Töchter Aloisia und Josepha *«in die schweiz zu gehen, vielleicht auch nach holland»*. Wie sollte das gehen, ohne Auftrag oder Empfehlung, ohne sicher zu erwartende Einkünfte? Und wo sollte seine Mutter bleiben? Vater Leopold war empört und brachte dies auch deutlich wie nie zuvor zum Ausdruck: All dies eskalierte, als Wolfgang äußerte, mit Aloisia nach Italien ziehen und sie dort groß herausbringen zu wollen. Eine Erneuerung der alten Italien-Erlebnisse in einem neuen Liebesglück, das war der Traum. Am 12. Februar brachte sich der Pater Familias in Salzburg als donnernder Zeus in Erinnerung. Vernichtend schon seine schlichte Frage: *«Sag mir ob Du eine prima donna kennst, die als Prima donna ohne vormals in Teutschland schon öfters recitiert zu haben, das theater in Italien betretten hat.»* Er erinnerte Wolfgang dann sehr ernst an das Grundanliegen der gesamten Familie Mozart: *«Die Absicht Deiner Reise waren 2 Ursachen: oder einen beständigen guten dienst zu suchen; oder, wenn dieses misslingt, sich an einen grossen Platz zu begeben, wo grosse Verdienste sind. Beides gieng auf die Absicht Deinen Eltern beyzustehen, und Deiner lieben Schwester fortzuhelfen, vor allem aber Dir Ruhm und Ehre in der Welt zu machen, welches auch theils in Deiner Kindheit schon geschehen, theils in Deinen Jünglings-Jahren, und itzt nur ganz alleine auf Dich ankommt in eines der grösten Ansehen, die iemals ein Tonkünstler erreicht hat, Dich nach und nach zu erheben: Das bist Du Deinem von dem Gütigsten Gott erhaltenen auserordentlichen Talente schuldig; und es kommt nur auf Deine Vernunft und Lebensart an, ob Du als ein gemeiner Tonkünstler, auf den die ganze Welt vergisst, oder als ein Berühmter Capellmeister, von dem die Nachwelt auch noch in Büchern lieset – ... sterben willst?»* Die Conclusio daraus gipfelte in dem Appell: *«Fort mit Dir nach Paris! und das bald, setze Dich grossen Leuten an die Seite – aut Caesar aut nihil»*. Es dauerte noch etwas, aber am 14. März 1778 reiste Wolfgang mit seiner Mutter nach Paris ab. Aloisia Weber hatte ihm zum Abschied *«zwei paar Täzeln von Filét gestrickt»*, von Fridolin Weber erhielt er eine deutsche Ausgabe der Lustspiele von Molière.

Nach Paris aufzubrechen war also überfällig (zumal ein Umzug des Kurfürsten Karl Theodor und seines Hofstaates von Mannheim nach München bevorstand). In Paris hatte sich in den zwölf Jahren der Abwesenheit Mozarts viel verändert. Es gab einen neuen König, Ludwig XVI., der mit Erzherzogin Marie Antoinette vermählt war – für Mozart wohl ein günstiges Vorzeichen. Die Künstler- und Intellektuellen-Szene hatte sich personell stark verändert. Immerhin lebten noch Leute von damals wie etwa der dynamische Förderer der Wunderkinder Melchior Grimm, mit dem die Mozarts noch immer in Kontakt standen. Verändert aber hatte sich vor allem die Musikszene, deren Bühne Mozart nun wieder betrat. Es war nicht zu erwarten, daß die musikalischen Zelebritäten ihn wie einst arglos umhätscheln würden. Im so diskussionsfreudigen Pariser Musikleben beherrschte der «Piccinnistenstreit» die Köpfe der Musikinteressierten. Die Protagonisten waren Nicola Piccinni als Vertreter der italienischen Oper und der deutsche Christoph Willibald Gluck als Vertreter der französischen Tragédie lyrique. Gerade zu der Zeit von Mozarts Pariser Aufenthalt trat dieser Disput in eine besonders intensive Phase. Der große Mann unter den französischen Komponisten war André-Ernest-Modeste Grétry, der sich nur gegen Gluck nicht durchzusetzen vermochte. Dies ergab für Mozart alles in allem eine schwierige Ausgangssituation und damit eine Herausforderung getreu Leopold Mozarts Diktum *«aut Caesar aut nihil»*.

Ob der junge Mozart, befangen in seinen persönlichen Haltungen, überhaupt unter solchen Umständen hätte reüssieren können, und ob der alte Mozart aus dem fernen Salzburg ohne jede Information als die Briefe seines Sohnes die Lage in Paris richtig einzuschätzen wußte, scheint zweifelhaft. In Anbetracht der gegebenen Umstände agierte Mozart immerhin nicht erfolglos und hielt sich sogar ans väterliche Aktionsmuster. Zunächst suchte er, mit einigen Empfehlungsschreiben ausgestattet, den Kontakt zu deutschen Diplomaten und Kaufleuten. Melchior Grimm und dessen Freundin Louise D'Epinay wurden besucht, und sie halfen auch bei so praktischen Dingen wie der Wohnungssuche. Rasch brachte sich Mozart als Komponist ins Geschehen ein. So fand er Kontakt zum Leiter des «*concert spirituel*» Joseph Le Gros (Aufführung der Pariser Sinfonie KV 297 im Schweizer Saal der Tuilerien) und zum berühmten Ballettmeister Jean Georges Noverre (Komposition des Balletts «Les petits riens» für die Grand Opéra). Dennoch war es wohl eine gutgemeinte Übertreibung, wenn Mutter Maria Anna Mozart schon im April nach Salzburg schrieb: *«der wolfgang ist hier wider so berüehmt und beliebt das es nicht zu beschreiben»*. (Brief vom 5. April 1778) Von gelegentlichen Kompositionsaufträgen konnte man jedoch nicht leben. Der Vater drängte wie immer und zu Recht, sich um einen Dienst bei Hofe zu bemühen, wenn schon nicht in Versailles, dann in der Kapelle *«eines Prinzen»*. Anfang Mai schrieb Wolfgang ihm, der angesehene Waldhornist Jean Joseph Rudolph habe sich angeboten, ihm eine gut dotierte Organisten-Stelle in Versailles zu vermitteln. Der Vater riet zur Annahme solch eines Dienstes, um auf diese Weise der königlichen Familie nahe zu sein. Wolfgang jedoch weigerte sich. Ob Rudolph einen seriösen Einfluß auf die Vergabe einer Stelle bei Hofe hatte, erscheint fraglich. Schon nach bald sechs Wochen begann Wolfgang über das Herumlaufen, Antichambrieren, über sein Vorspielen dort und da, dem nur schöne Komplimente und nichts Greifbares folgte, zu klagen. Er empfand Paris im Vergleich zur schönen Kindheitszeit verändert, die Franzosen nun viel gröber, ihren Geschmack schlecht usw. Einiges Geld verdiente er sich durch den Klavierunterricht bei Töchtern aus bestem Hause. Aber deswegen war er nicht nach Paris gekommen.

Zwischen Hoffnung, Durchhaltevermögen, Selbstwertgefühl und einem richtigen Einschätzen der Lage ist immer ein Balanceakt zu vollführen. Mögen Vater und Sohn Mozart in langen Briefen ihren Generationskonflikt ausgetragen haben, so waren sie sich doch darin einig, daß Wolfgang als neuer Protagonist außerhalb der bestehenden Parteiungen auftreten und folglich einen freundschaftlichen Kontakt zu Piccinni oder Grétry (Gluck war damals nicht in Paris anwesend) meiden müsse. Er verhielt sich also anders als bei seiner Musiker-Kumpanei in Mannheim, was er freilich mit einer gewissen Einsamkeit bezahlte. Dies war auch der Preis für die Arroganz als einen in der Sache vielleicht sogar richtigen, wenn auch kühnen Weg eines «Caesars».

Von Mozarts Mutter war im bisherigen Reisebericht wenig die Rede. In den Briefen an ihren Mann war sie stets bemüht, gute Stimmung zu verbreiten, beschönigte die Situation und verteidigte die Handlungsweise ihres Sohnes. Außer der stereotypen Versicherung, sie seien beide gesund, sprach sie nur wenig über ihre persönliche Befindlichkeit, doch mußte sie schon in Mannheim, mehr noch aber in Paris, sehr einsam gewesen sein. Nur selten aber scheint etwas davon in ihren Sätzen auf: «*was meine lebens arth betrifft ist solche nicht gar angenehm, ich sitze den ganzen tag allein in zimmer wie in arest, welches noch darzue so dunckel ist und in ein kleines höffel gehth das man den ganzen tag die Sohn nicht sehen kan, und nicht einmahl weis was es vor ein wetter ist, mit hartter miehe kan ich bey einen einfahlenten liechten etwas weniges stricken, und für dises zimmer müssen wier das Monat 30 liver bezahlen der eingang und die stiegen ist so öng das es ohnmöglich wehre, ein Clavier hin auf zu bringen. Der wolfgang mues also ausser haus bey Monsieur le gro Componieren weill dorth ein Clavier ist, ich sehe ihme also den ganzen tag nicht, und werde das reden vollig vergessen.*» Im Juni erkrankte sie, das Zuraderlassen half nichts, sie klagte weiter über Kopfschmerzen, fieberte und verlor das Gehör. Am 24. Juni besuchte sie erstmals ein Arzt, am späten Abend des 3. Juli verstarb sie; einige Tage zuvor hatte sie noch gebeichtet und die Krankenölung empfangen. Woran sie starb, ist unklar. Schließlich war all dies Geschehende dem Vater zu vermitteln. In dieser Lage kopflos zu agieren und in einen überreizten Zustand zu geraten, erscheint nur allzu menschlich, nicht aber als Beweis einer abnormen Infantilität Mozarts.

Neben der toten Mutter schrieb er an jenem 3. Juli zwei Briefe, die in den Augen der Nachwelt zu seinen berühmtesten zählen. Nach Wochen des Schweigens schreibt er dem Vater. Das traurige Ereignis spricht er nicht aus, aber er beginnt, die Krankengeschichte knapp zu erzählen, und deutet das Ungesagte durch ein Ablenken auf Betrachtungen über die Notwendigkeit, sich dem Willen Gottes zu ergeben, an. Ebenso ausführlich berichtet er vom Erfolg und von kompositorischen Effekten seiner Pariser Sinfonie, um unvermittelt die Themen zu wechseln: erst zum Rosenkranzbeten, dann zu seinem guten Christsein, zum gottlosen «*Erz-spizbub Voltaire*» und wiederum zu seiner eigenen Gottergebenheit. Dann erzählt er nochmals vom Pariser Theater- und Musikgeschmack, von seinen eigenen Plänen und preist zuletzt und zum dritten Mal die Gottergebenheit. Hinter dieser Sprunghaftigkeit verbirgt sich die Mühe, den Vater bei Laune zu halten und ihn doch auf das Unvermeidliche vorzubereiten. Geradezu ins Groteske führt diese Mühe bei folgender Briefpassage: «*Ich gieng also gleich für freude nach der Sinfonie ins Palais Royale – nahm ein guts gefrornes – bat den Rosenkranz den ich versprochen hatte – und ging nach Haus. – wie ich allzeit am liebsten zu hause bin, und auch allzeit an liebsten zuhause seyn werde –*». Den anderen Brief richtete er an seinen Salzburger Freund Abbé Joseph Bullinger. In einem seiner Trauer angemessenen Ton berichtet er vom Geschehenen und bittet ihn, Vater und Schwester schonend auf die Todesnachricht vorzubereiten. Einen verschollenen dritten Brief an diesem Tag schrieb er an Fridolin Weber nach Mannheim; auch gegenüber der Familie Weber empfand er in seinem aufgewühlten Bewußtseinszustand offensichtlich ein Bedürfnis nach Offenheit und Nähe.

Mit diesem Ereignis war endgültig die Klimax der Hoffnungen für eine Karriere in Paris überschritten. Mozart und zunächst auch sein Vater wußten es nur noch nicht. Melchior Grimm, der Mozart unmittelbar nach dem Tod der Mutter bei sich aufnahm, durchschaute die Situation in aller Klarheit und teilte dies Leopold Mozart mit. Auch ausgesprochen Kompromittierendes aus diesem Brief gibt Leopold Mozart seinem Sohn wortwörtlich weiter (13. August 1778). Da heißt es *«il est zu treuherzig»*, und im weiteren charakterisiert Grimm Wolfgang als zuwenig tatkräftig, zu leicht zu täuschen, zuwenig vertraut mit den Mitteln, die zum Erfolg führen. Um sich in Paris durchsetzen zu können, müsse man gerissen, unternehmungslustig, ja verwegen sein. Der Vater verstand den Rat und bemühte sich umgehend beim Erzbischof, eine Wiedereinstellung Wolfgangs am Salzburger Hof zu erwirken. Ende August konnte er seinem Sohn mitteilen, daß *«alles accordiert»* sei und er mit einem Gehalt von 500 Gulden als Konzertmeister wie zuvor *«decrediert werde»*. Wolfgang Amadé (wie er sich damals nannte) war mit den Einschätzungen und Bestrebungen seiner beiden Väter zwar nicht einverstanden, konnte diese aber auch nicht mit Hilfe des ersehnten durchschlagenden Erfolgs in der Fremde zurückweisen. All dies mußte zu Spannungen mit Grimm führen. Zur Selbstrechtfertigung machte er ihn bei seinem Vater schlecht: Er rede *«hart, einfältig und dumm»* mit ihm, halte ihm seine ohnehin geringen Schulden vor, und überhaupt *«er ist von der welschen Partie – ist falsch – und sucht mich selbst zu unterdrücken»*. Dem Vater gegenüber gab er sich einsichtig und als zur Heimreise bereit, *«mir ist nur leid, daß ich nicht hierbleibe, um ihm [Grimm] zu zeigen, daß ich ihn nicht brauche – und daß ich so viell kann als sein Piccini – obwohl ich nur ein Teutscher bin»*. (Brief vom 11. September 1778) Den Entrüsteten und Selbstbewußten spielte Mozart nicht nur seinem Vater vor; er war in übler Laune und in übler Situation. Schlecht gestimmt, neigte er stets dazu, andere herunterzumachen. Dieser Charakterfehler trat auch zutage, als er Mitte August Johann Christian Bach, der sich seiner einst in London so liebenswürdig angenommen hatte, wiedersah; nun schrieb er seinem Vater von seiner Enttäuschung über diese Begegnung.

Vor Ort in eine ausweglose Situation geraten, flüchtete Mozart – wie gewohnt – in Phantasien von anderen Orten und neuen Zielen. Seine Sehnsucht richtete sich auf Aloisia Weber. Sie sollte mit ihrem Vater nach Paris kommen. Aber als klar wurde, daß die Familie Weber mit der kurpfälzischen Hofkapelle nach München übersiedeln werde und Aloisia bald vom Grafen Seeau einen Vertrag für das Münchner Hoftheater erhielt, lenkte Mozart sein planendes Auge auf die Möglichkeit, seine Freundin dem Salzburger Erzbischof als Sängerin präsentieren zu können. Leopold Mozart zeigte sich damals durchaus bereit, der Verliebtheit seines Sohnes freundlich entgegenzukommen. Doch der eigentliche Traum war nach wie vor ein anderer: Wolfgang schrieb seiner *«carissima amica»* Briefe auf italienisch. Seit der Zeit, da Mozart Italien verließ, finden sich immer wieder einmal Anzeichen für Gedanken an eine Rückkehr. In Mannheim und Paris verdichteten sie sich, und obwohl Vater Leopold das Traumbild als unrealistisch bezeichnete, bringt doch erst die langwierige Heimreise von Ende September bis Mitte Januar 1779 die tatsächliche Entzauberung. In Mannheim gab sich Mozart der irrwitzigen Hoffnung hin, der Kurfürst Karl Theodor werde bald aus München wieder nach Mannheim zurückkehren, weil er *«die grobheiten von den herren bayern ohnmöglich lange wird aushalten können»*. Diese Phantastereien trieb ihm sein Vater energisch aus. Seine Italienträume zerstörte ihm aber die in München bereits engagierte Aloisia Weber, die ihm kühl wiederbegegnet und sein Begehren zurückweist. Daraufhin verleumdet er sie als eine Falsche und Kokette, läßt sein Augsburger Bäsle nach München kommen und reist mit ihr nach Salzburg, wo sie für einige Monate im Kreise der Familie ihres Onkels lebt – als Ersatz für die abhanden gekommene *«carissima amica»* und als aufmunternder Familiengast im mutterlos gewordenen Hause Mozart. Eine weitere kleine Befriedigung mag es gewesen sein, daß der bischöfliche Fürst Wolfgang Amadé wunschgemäß zum Hoforganisten ernannte (ihn allerdings nur mit 450 Gulden entlohnte). Doch war all dies ein zu schwacher Trost für die erlittenen beruflichen und privaten Enttäuschungen. Mozart mußte sie deutlich als einen Bruch in seinen Karriereträumen empfunden haben. Das Potential an innerer Unruhe mußte einen Weg nach außen finden, sich in einer Eruption entladen.

4. Komponieren nach Auftrag und als künstlerische Selbstverwirklichung

Einen Auftrag eines Dritten erfüllen und sich als Künstler in seiner Individualität erkunden sind zwei Ansprüche, die schwerlich miteinander vereinbar erscheinen – und doch wird ein Komponist diese Quadratur des Kreises versuchen. Verweigert er dies, fordert er sich ungeheuer heraus, was vielleicht zum Gewinn des entstehenden Werkes geschieht. Aber er wird nicht ungestraft von denen bleiben, in deren Macht es steht, Werke aufführen zu können, und von einem Publikum, das bestimmte Hörerwartungen pflegt. Dies galt damals in besonderem Maße für groß dimensionierte Werke wie Opern, Oratorien, Sinfonien oder etwa ein Klavierkonzert. Viel eher konnte man sich solipsistisch bei der Komposition kleiner Stücke mit geringem Aufwand oder gar bei Werken zum Selberspielen verhalten. Freilich gibt es auch einen Gruppen-Solipsismus – die künstlerische Kommunikation im Kreise eingeweihter Kenner, die ebenso anregend und befruchtend sein kann wie sie auch leicht zu einer erstarrenden Monadisierung führen mag. Der Begriff einer künstlerischen «Avantgarde» stammt zwar aus dem 20. Jahrhundert, aber elitäre Zirkel und auch für sich allein stehende Sonderlinge hat es in der Musikgeschichte des Abendlandes immer schon gegeben. Mozarts Welt war nicht von dieser Haltung geprägt. Dies änderte sich im 19. Jahrhundert. Ein Franz Schubert etwa hat zunächst aus Naivität in seiner Schulzeit seine erste Oper komponiert, die freilich ohne jede Chance auf eine Aufführung blieb, und er schrieb auch als reifer Künstler in souveräner Unbedingtheit Sinfonien von der Qualität einer «Unvollendeten» und der großen C-Dur-Sinfonie, die gleichfalls zu seinen Lebzeiten niemand aufführte. Auch das können wir uns bei Mozart nicht vorstellen. Wir sollten den Gedanken aufgeben, Mozart könnte seine drei letzten Sinfonien für die Schreibtischlade und nicht für bestimmte Aufführungsmöglichkeiten geschrieben haben. Die geistige Welt vor der Französischen Revolution und auch noch die des Josephinischen Zeitalters in Wien läßt sich schwerlich mit einer solchen Vorstellung vereinbaren.

Entscheidend für das Renommee eines Komponisten war es, mit Werken in den großen Gattungen zu überzeugen. Dazu zählten damals die Oper, Festmessen und Oratorien und in zunehmendem Maße auch die Sinfonie. Oper und Festmesse waren Gattungen, die sich besonders gut für Aufführungen bei repräsentativen, offiziellen Anlässen eigneten. Aus einem Karrieredenken heraus – was ja stets auch einfach Sicherung der schieren wirtschaftlichen Existenz bedeutete – mußte Mozart beständig bestrebt sein, Opernaufträge zu erhalten, und er war wenig erbaut darüber, daß der aufklärerisch gesinnte Salzburger Erzbischof Graf Colloredo Umfang und Aufwand der Kirchenmusik, besonders den für festliche Messen, einschränkte. Den Briefwechsel mit seinem Vater durchziehen über viele Jahre hin gleichsam einem Ostinato die Wünsche und strategischen Überlegungen, dort oder da, am besten in Italien, Aufträge für Opernkompositionen zu erhalten. Doch wir mußten bereits feststellen, daß Mozart nach dem Mailänder «Lucio Silla» 1772 in Italien ohne weitere Aufträge blieb. Sohn und Vater blieben aktiv, jedoch ohne Erfolg. Selbst Padre Martini in Bologna wurde 1776/77 mehrmals um Vermittlung gebeten; doch wie hätte jener – wenn auch ein berühmter Musiktheoretiker und Kirchenmusiker – einen attraktiven Opernauftrag für die Mozarts generieren sollen?

Auch trat noch ein anderes Problem hinzu, eines, das uns aus der heutigen Praxis wohlvertraut ist. Von großen Opernhäusern in vielen Ländern werden durchaus immer wieder Opernaufträge vergeben. Aber meist bleibt es bei der Uraufführung und einer ersten Aufführungsserie; selten kehren die Stücke wieder oder werden von anderen Bühnen übernommen. Ein nachhaltiger bühnenpraktischer Umgang mit dem Werk, der erst so recht eine Oper zum Leben bringt, kommt nicht zustande. Während heutzutage ein Komponist sich gegen die präsenten Werke eines Mozart, Verdi oder Alban Berg durchsetzen muß, gab es einen solchen Kanon von Meisterwerken zur Zeit Mozarts noch nicht. Doch auch ohne Anspruch auf Ewigkeitswert bildeten sich so immerhin Repertoires aus; mit Modifikationen wurden gewisse Stücke immer wieder aufgegriffen und auch von anderen Bühnen gespielt. Bestimmte Arien konnten als sogenannte Favorit-Stücke in ganz anderen Opern wieder auftauchen, und es war durchaus eine Ehre für einen Komponisten, aufgefordert zu werden, für die Oper eines anderen Einlagearien zu schreiben. Auch Mozart tat dies. Doch genau in dieses Repertoireleben fanden die Opern Mozarts vorderhand keinen Weg. Seine drei Mailänder Opern wurden nirgendwo nachgespielt, und sie wurden auch in Mailand selbst später nicht wieder aufgegriffen. Ähnliches gilt für die 1775 in München aufgeführte Opera buffa «La finta giardiniera». Sie wurde nicht nachgespielt – ganz anders das unmittelbare Vorbildstück über dasselbe Libretto mit der Musik von Pasquale Anfossi. Auch die Umarbeitung der «finta giardiniera» zu einem deutschen Singspiel einige Jahre später blieb ohne Folgen. Nicht nur seine Opern, sondern auch uns liebgewordene Werke aus anderen Gattungen – Sinfonien wie die Pariser Sinfonie, seine Salzburger Messen, seine Serenaden und Divertimenti für die Salzburger Familien Lodron und Haffner, ein Klavierkonzert wie das «Jeunehomme»-Konzert – blieben in den 1770er Jahren Einzelerfolge, wurden nicht wieder aufgeführt, wurden keine Repertoirestücke.

Die Gründe dafür dürfen nicht allein in jeweils besonderen Situationen und lokalen Vorlieben gesucht werden, dafür ist das Phänomen allzu grundsätzlicher Natur. Sie lagen vielmehr bei Mozart selbst. Aber diese lapidare Aussage gilt einem komplexen Sachverhalt. Niemals ist Mozart über die Fähigkeiten der Musiker und über das Auffassungsvermögen des Publikums so souverän hinweggeschritten wie der späte Beethoven. Es war ihm eine Selbstverständlichkeit, für bestimmte Ausführende und für ein bestimmtes Publikum zu komponieren. Gerade bei groß dimensionierten Werken wie den Opern oder Klavierkonzerten wird dies offenkundig. Doch obwohl uns durchaus briefliche Hinweise Mozarts zu diesem Thema vorliegen, läßt sich sein kommunikatives Komponierverhalten nicht immer nachvollziehen. (Mir persönlich gibt trotz aller Erklärungsversuche das Fragment der auf bedeutsame Größe hin angelegten c-Moll-Messe aus der Wiener Zeit das größte Rätsel in dieser Hinsicht auf.) Ich habe vorhin erhebliche Zweifel geäußert, das «Schöpferische im Kind» bereits in einem individuellen Kompositionsstil ausgeprägt zu sehen. Das Echo aber, das seine reife Musik fand und das von spontaner Zustimmung bis zu anhaltender Reserve reichte, muß jedoch auf deren Charakter und auf eine verschmitzte Lust des Komponisten zurückgeführt werden, bei aller humanen Verbindlichkeit seine Ausdrucksphantasie im Ernsten wie im Heiteren zu erkunden. Die Schuld für die durchwachsenen Reaktionen allein in der Oberflächlichkeit oder Borniertheit des Publikums zu suchen, ist eine wohlfeile Lösung.

Freilich ist es schwierig, ohne in einen Fachjargon zu verfallen und musiktheoretische Kenntnisse vorauszusetzen, über dieses innere Wesen seiner Musik zu sprechen und zu schreiben. Aber meine Leserinnen und Leser werden sicher gerne Musik Mozarts hören und bereit sein, gewissen Merkmalen darin nachzuhorchen. Auch ein Mozart mußte zunächst einmal vieles rein Handwerkliche erlernt und vieles von dem, was andere Komponisten schufen, erfahren haben, um seine eigene Musik so zu artikulieren, daß wir überhaupt einem inneren Wesen seines Schaffens nachspüren können. Spätestens während der Jahre in Italien hat er diese Souveränität erworben. Wir dürfen das, was damals musikalisch geschehen ist und dem zeitgenössischen Publikum Schwierigkeiten bereitete, unter zwei Perspektiven betrachten: eben unter einer primär handwerklichen oder unter einer genieästhetischen. Konkret nachvollziehen läßt sich Mozarts Lust am Können, und sie mag bei jedem von uns dort oder da zu einem Staunen führen, wenn wir für ein präsentes Phänomen kein Vorbild oder eine andere Erklärung finden.

Die Lust am Können beginnt bei der Lust am Mißlingen. Dies zeigt sich schon sehr früh, im Sommer 1764 in London. Leopold Mozart lag einige Wochen lang krank, und Wolfgang komponierte ohne Aufsicht seines Vaters. Was er da in sein «Londoner Skizzenbuch» notierte, wird unter der Bezeichnung Klavierstücke KV 15 geführt. Die Art der Notation ist dementsprechend. Aber was wir da im einzelnen lesen, bleibt oft unklar – tatsächliche Klavierstücke oder particellartige Skizzen von etwas ganz anderem? –, ja zum Teil fragt man sich, ob das Wort «Stück» überhaupt angemessen ist. Manches wirkt gekonnt, manches hilflos oder auch haarsträubend, allen Satzregeln und gestalterischen Konventionen widersprechend. Wolfgang bricht aus seiner Zähmung durch den Vater aus. Solch ein Mißlingen ist bei ihm wie bei anderen Künstlern ein sehr positiver, ein produktiver Prozeß – gerade weil es einen Versuch darstellt, Konventionen zu überwinden. Das Scheitern kann zu einem kreativen Antrieb über weite Entwicklungsstrecken hin werden. Bei Mozart sind allerdings die Folgen schwerer zu fassen, als dies etwa bei Schubert der Fall ist.

Jedenfalls ist die Situation seines Komponierens zehn Jahre später eine andere. Er kann komponieren und ist sich dessen auch bewußt. Das heißt, er hat die Distanz, sein Können wie ein Spieler sein Kapital so einzusetzen, wie er es für gut hält. In diesen Spannungsraum kann seine andere Lust, die Experimentierfreude, hineinwirken. Um es mit einem Satz zu sagen: Auf der Basis der handwerklich-technischen Könnerschaft bewegt sich ein gestaltendes Individuum, das mit seinen Basisfähigkeiten spielt und zugleich oder sogar letztlich seine Ausdrucksfähigkeit erkundet. Wir beobachten also einen dynamischen Prozeß. Was in seinen Partituren wie ein zur Form geronnenes osmotisches Fließen erscheint und was wir auch als solches erleben, können wir nur nacheinander betrachten. Ich versuche es unter zwei Gesichtspunkten, deren einer an Mozarts Lust am Können und deren anderer an seiner Lust am Ausdruck orientiert ist.

Die erstere sei anhand seiner größer dimensionierten Instrumentalmusik angesprochen. Für die Zeitgenossen bestand der große Reiz von Sinfonien und Solokonzerten in ihrem Ereignischarakter. Er blieb für sie trotz der ständig steigenden Zahl solcher Werke erhalten, vielleicht lag er sogar gerade darin – im ständig Neuen. Das prickelnde Ereignis konnte nur heraufgeführt werden durch eine geschickte Abstimmung der Vorerwartungen eines Publikums und seiner Verblüffung, also einer Abstimmung zwischen dem Einhalten lokal akzeptierter Gattungsgewohnheiten und einem abwechslungsreichen Verlauf der Musik im konkreten. Dies wußte und berücksichtigte auch Mozart, wo immer er tätig wurde. Zugleich bewegten sich Publikum und Künstler im Geniezeitalter. Man suchte die Faszination – freilich besonders in der Literaturszene – an der Originalität von Werken und Individuen, ja sogar an der Gefährdungslage von Künstlern, die wie Sternschnuppen verglühten (in der Musik etwa Wilhelm Friedemann Bach), bis sich letztlich doch eine gestalterische Beständigkeit in der Individualität (etwa in der Musik eines Carl Philipp Emanuel Bach oder eines Joseph Haydn) durchsetzte. Hätte sich Mozart die exzentrischen Sprünge seines Geistes, die in manchen Stücken aus dem «Londoner Skizzenbuch» zutage tritt, zur Richtschnur gemacht, wäre er ein Johann Michael Lenz der Musik geworden. Aber dies waren eben ‹Ausritte› eines produktiven Mißlingens. Seine Lust am Können – etwa in der Sinfonik – äußert sich anders. Mozart beginnt als Sinfoniker wie andere auch, er behält einen konventionellen Rahmen bei und füllt diesen mit einem abwechslungsreichen Binnenleben. Was zu dieser vorgegebenen Konstellation freilich mehr und mehr hinzukommt, ist Individuation. Individuation ist Durchgestaltung. Mozart treibt sie nicht zu einer stringenten Folgerichtigkeit des musikalischen Ablaufs. Er beginnt die einzelnen orchestralen Satzbilder differenzierend durchzuarbeiten, deutet weitergespannte Bezüge zwischen einzelnen von ihnen an und läßt, während er diese Kompositionen webt, manches im Detail Ungewöhnliche für sich stehen. Dabei setzt er sich mit den in seinem musikalischen Umfeld gegebenen Erwartungen auseinander. So hat die Lebhaftigkeit seiner zahlreichen italienischen Sinfonien doch eine den Hörerwartungen gefällige Glätte.

Die gestalterische Individuation zeigt sich pointiert dort, wo subjektiver Ausdruck erwartet wurde – und damit kommen wir zum zweiten Gesichtspunkt. Dies galt damals besonders für g-Moll-Sinfonien. Wir hören das nicht nur in der heute viel gespielten g-Moll-Sinfonie KV 183, sondern können es in Sinfonien in dieser Tonart von Joseph Haydn, aber auch von Durchschnittskomponisten wie Johann Baptist Vanhal, Franz Beck oder Pierre van Maldere wahrnehmen. Aus Mozarts Sinfonie KV 183 spricht jedoch nicht nur ein Ausdrucksdrang, sondern auch ein Streben nach satztechnischer Vereinheitlichung. Dies äußert sich vielfältig etwa in der nun häufigeren Verwendung der Kontrapunktik, in Ansätzen zur zyklischen Vereinheitlichung der Motivik, ferner durch eine Neigung, die Reihung von Taktgruppen zu etwas größeren Einheiten zu binden, und nicht zuletzt durch eine Ausweitung der Harmonik, die nicht bloß die Farbigkeit der Musik erhöht, sondern die Möglichkeit eröffnet, über die Reihung von Kadenzfloskeln hinaus weiter gespannte Bögen zu bilden. Hinzu kommt der Einsatz eines Mittels, das Mozart (ebenso wie Haydn) viel deutlicher als andere Komponisten pflegt – nämlich den glatten, symmetrischen Ablauf der Zeiteinheiten (die Metrik also) durch Unregelmäßigkeiten zu irritieren. Kurz gesagt: Mozart gewinnt den herkömmlichen Gattungs- und Formvorstellungen ein Mehr an Plastizität und Beweglichkeit ab; er gibt den bunten Ereignischarakter der Musik nicht auf, sondern legt ihn vielmehr in je individualisierter Weise fest – die Offenheit des Ereignishaften entwickelt sich zu etwas dem Werk Immanenten.

Ab wann Mozart uns als der Meister gegenübertritt, den wir in seinen Werken suchen, darüber läßt sich bekanntlich streiten. Was aber alle als ein, ja vielleicht als sein erstes Meisterwerk anerkennen, ist das noch vor der Parisreise entstandene Klavierkonzert in Es-Dur KV 271, das sogenannte «Jeunehomme»-Konzert. Der erste Satz erscheint als ein leicht nachvollziehbares Beispiel für Mozarts souveränes Spiel mit den Erwartungen seines Publikums. Von einem Konzert erwartet man einen Dialog zwischen einem Solisten und dem Orchester. Dieser verläuft in bestimmten Formen. Ein Konzert beginnt mit einem Orchestertutti, als ob sich ein Bühnenvorhang hebe. In ihm wird der affektuöse Charakter des Stücks festgelegt und wichtige melodische Themen vorgestellt. Danach tritt der Solist auf und präsentiert sich mit seiner ähnlich gestalteten Einleitung. Diese Vorgaben werden in einem Wechselspiel zwischen virtuosem Solistenspiel und kompakteren Orchesterpassagen entfaltet. Aber in KV 271 läßt Mozart schon im zweiten Takt den Klaviersolisten dazwischenfahren. Diese Verblüffung nützt Mozart, um in der Folge die Rollen von Solist und Orchester immer wieder zu vertauschen und dann wieder der Konvention zu entsprechen. Die daraus entstehende komplexe Dramatik führt er letztlich doch zum – freilich überraschend eintretenden – guten, glatten Ende. Dies ist ein Beispiel für die Individuation bei Mozart. Zu ihrer Eigenart gehört auch, daß Mozart diese eben skizzierte Werkidee bei seinen zahlreichen Klavierkonzerten danach nie mehr in gleicher Weise anwandte – aufgegriffen haben sie dann Beethoven und Brahms.

Wege, seine Ausdrucksfähigkeit zu erweitern, kann ein Komponist in allen Gattungen finden. Von jeder Musik erwarteten die Zeitgenossen, daß sie einen Affekt oder eine *«Haupt-Empfindung»* (wie man in den Tagen Mozarts lieber sagte) vermittle. Die Tradition des Barock hatte die Hörerwartung hervorgebracht, daß ein Musikstück auch eine Affekt-Einheit bilde. So etwas lässt sich in Verbindung mit Text und Szene leichter bewirken als in bloßer Instrumentalmusik. Eine Handlung mit großen Leidenschaften und in sich kontrastreichen Szenen wie im «Lucio Silla» mag Mozart zu kräftigen musikalischen Farben und einem düsteren Grundton herausgefordert haben. Das Weben von Klangnetzen aus heiter, sogar ironisch, aber auch empfindsam anmutenden Ausdrucksformen reizte ihn an den Opere buffe. Besonders die heitere italienische Oper war damals ein Experimentierfeld für das letzlich aufklärerische Bestreben, die herkömmliche Aneinanderreihung von Affektbildern in der Oper zu beweglicheren Verläufen zu entflechten, um so eine Psychologisierung der handelnden Personen zu erlangen. Weniger forciert wurde dies auch in der Opera seria, der ernsten italienischen Oper, versucht. Dazu wurden nicht nur die vorhandenen musikalischen Bauelemente einer Oper modifiziert und neu gruppiert, es mußten für solch eine neuartige Dramatisierung auch geeignete Mittel gefunden werden. Ein solches ist das sogenannte Accompagnato-Rezitativ. Während ein «secco»-, also trockenes, nur dürftig begleitetes Rezitativ vor allem als Dialog gestaltet die Handlung vorantrieb, wird es nun während neuralgischer Handlungsphasen – etwa wenn Personen aufeinandertreffen, die unterschiedliche Absichten verfolgen, oder wenn der Protagonist spontan ausgelöste emotionale Aufwallungen zeigt – in seinen vokalen und orchestralen Möglichkeiten aufgeladen und dramatisch aufgewertet. Das Accompagnato-Rezitativ hat gegenüber der Arie oder anderen geschlossenen Formen den Vorzug einer selbst bei extremen Affektwechseln möglichen raschen, ja geradezu abrupten Beweglichkeit. Mozart hat es häufiger als andere Komponisten in «Mitridate» und «Lucio Silla» angewandt. Kaum verwendet wurde es in der Opera buffa. Diese besaß von vornherein eine größere Beweglichkeit der Handlung: Das Reagieren der Personen aufeinander wurde in vielgliedrigen und weiten Ensemblesätzen bevorzugt an den Aktschlüssen (den sogenannten «Finali») dargestellt. In «La finta giardiniera» hat Mozart dem vorhandenen Experimentierfeld der Finalgestaltung noch das Mittel des Accompagnato-Rezitativs hinzugefügt. Er setzte es im verwirrenden Ablauf der Handlung als ein Raster von Orientierungspunkten ein. Dies ist auch nötig, weil Mozart wiederholt die Ambivalenz der Gefühle der Protagonisten durch musikalische Anspielungen und ironische Verkehrungen von bereits Gehörtem über den Text hinaus steigert.

Heutzutage bewundern wir nicht nur das «Jeunehomme»-Konzert, sondern auch «La finta giardiniera» und «Lucio Silla» werden in ihrem ‹wahren Rang› erkannt und vermehrt auch auf die Bühne gebracht. Gerade dadurch wird uns heute aber auch bewußt, welche Ansprüche Mozart in diesen Werken stellt und wie sehr er damit sein damaliges Publikum im Rahmen einer sozusagen alltäglichen gesellschaftlichen Situation einer Opernaufführung durch seine individualisierende musikalische Gestaltung überforderte.

5. Aus der weiten Welt und aus Salzburg nach Wien

Aus der provinziellen Enge Salzburgs mit seinen klerikalen Zwängen sei Mozart nach Wien, einer multikulturellen Metropole, geprägt von einer liberalen Aufbruchstimmung im goldenen Jahrzehnt der Alleinregierung Josephs II., geflohen. So das schlichte Klischee. Es gab gravierende Unterschiede, aber auch viele Gemeinsamkeiten zwischen diesen Städten, und die Beweggründe Mozarts erweisen sich als feines Geflecht. Eines aber scheint an dieser Flucht besonders bemerkenswert: Sie ist das Resultat eines schwierigen Balanceakts zwischen der ungebrochenen Sehnsucht nach der großen weiten Welt und der nicht eingestandenen Resignation angesichts des Scheiterns internationaler Karrierehoffnungen. Unter diesen Auspizien konzentrierte sich Mozart auf Wien. Wien bedeutete für Mozart von vornherein ein durch die biographische Vorgeschichte belastetes, leicht irritierbares Glück, das nur im Erfolg zum reinen Glück werden konnte.

Nach seiner Rückkehr aus Paris war Mozart noch 22 Monate lang in Salzburg geblieben. Neben allen Enttäuschungen und der Notwendigkeit, zu Kreuze zu kriechen, blieben noch, nach der Einschätzung Leopold Mozarts, Schulden *«in allem 1000 Gulden»*. Um so mehr mühten sich Vater und Schwester, ihm eine angenehme Familien-Atmosphäre zu bieten. Dieses Streben nach Harmonie kommt in dem Großbild der Familie Mozart von Johann Nepomuk Della Croce zum Ausdruck, das zur Zeit von Mozarts Abschied von Salzburg entstand. Mozarts Mutter ist als Bild im Bild mitanwesend. Mozart verfiel in diesen 22 Monaten nicht in eine resignative Lethargie, im Gegenteil – die Spannung zwischen Sein und Wollen stieg, die kompositorische Produktivität blieb ungebrochen, und es ergaben sich durchaus interessante Perspektiven. Ja, man gewinnt den Eindruck, in seinem gekränkten Stolz habe sich Mozart herausgefordert gefühlt, gerade auch auf belasteten Gebieten hohe Qualität zu bieten. So hat er trotz aller Spannung im Verhältnis zum Erzbischof Colloredo in der Kirchenmusik ein breites Spektrum an Kompositionen abgedeckt, das vom kleinen deutschen Kirchenlied bis zur Festmesse reichte, und mit der sogenannten «Krönungs»-Messe KV 317 und der Dom-Messe in C-Dur KV 337 besonders gelungene und noch heute beliebte Werke geschaffen. Ähnliches gilt für die weltliche Gesellschaftsmusik. Die Sinfonien KV 319 und KV 338, zu Repräsentationszwecken am Salzburger Hof geschrieben, klingen so gar nicht nach einem resignierenden Komponisten. Für Veranstaltungen zu Hause im Tanzmeistersaal oder bei Freunden und Bekannten aus der Salzburger Gesellschaft und auch bei Hof, zum Teil für Auftritte seiner Schwester als Pianistin hatte er eine ganze Reihe von Kompositionen geliefert, die nicht nach Abarbeiten einer lästigen Konvention klingen, sondern eine frohgemute, inspirierte Aussage haben.

Sogar Chancen, Musik für das Theater zu schreiben, ergaben sich 1779/80 – mehr als je zuvor in Salzburg. Der aus Mähren stammende Prinzipal Johann Heinrich Böhm gastierte mit seiner Truppe im Frühjahr 1779 und in der Wintersaison 1779/80 in Salzburg. Es ergab sich ein engerer Kontakt zur Familie Mozart. Wolfgang war verschiedentlich für das Theater Böhms tätig. Böhm und Mozart planten ein deutsches Singspiel, für das der Familienfreund Andreas Schachtner das Libretto schrieb. Das Stück, heute unter dem Titel «Zaide» geläufig, hatte den sehr umständlichen originalen Titel «Das Serail oder Die unvermutete Zusammenkunft in der Sklaverei zwischen Vater, Tochter und Sohn». Fast zwei Akte hat Mozart komponiert, ein dritter (auch im Text verlorengegangener) blieb unausgeführt – warum, wissen wir nicht. Auch die «Zaide» war keine bloße Gelegenheitsarbeit. Das Experimentelle an ihr ist die Verwendung des Melodrams; darin kommt seine in Mannheim entwickelte Begeisterung für die Melodramen Georg Bendas zum Ausdruck. Der strategische Hintergedanke liegt im Genre und im Sujet. Aufklärerisch verbrämte Handlungen, in denen Türken – also Muslime – agieren, waren hochaktuell, und deutsche Singspiele zu schaffen war durch die 1776 erfolgte Gründung des «k. k. Hof- und Nationaltheaters» im Wiener Burgtheater seitens Kaiser Joseph II. aufs neue angeregt worden – sollten so die Komponisten auch die Schaubühne als eine «Sittenschule» der Nation durch entsprechende Werke unterstützen. Noch folgenträchtiger sollte sich der Kontakt zu dem Theaterprinzipal Emanuel Schikaneder (1751–1812) erweisen. Er gastierte mit seiner 34 Personen starken Truppe 1780/81 in Salzburg. Geboten wurden Sprechstücke, Ballette und Opern. Auch das Türken-Sujet taucht in seinem Repertoire auf (Ballett «Die Eifersucht im Serail»). Neben kassenfüllender Tagesproduktion bot Schikaneder auch Anspruchsvolles, so Shakespeares «Hamlet» – seine schauspielerische Glanzrolle –, ferner Stücke von Lessing, Goethe, Schiller usw., deutsche Singspiele von Hiller, Benda und Umlauff. Die Familie Mozart baute zu Schikaneder eine freundschaftliche Beziehung auf, die bis zum gemeinsamen Bölzelschießen und Kegeln reichte. Als Komponist konnte Mozart von den Erfahrungen eines nur wenig älteren, aber schon sehr routinierten Theatermannes nur profitieren. Es mag durchaus sein, daß Mozart vielleicht schon zu diesem Zeitpunkt mit dem Gedanken zu spielen begann, was wohl ein Wechsel nach Wien für ihn bedeuten könne.

Zunächst aber wandte er sich neuerlich nach München. Von dort erhielt er 1780 den Auftrag, die nächste Karnevalsoper zu schreiben. Dies muß ihn hoch erfreut haben. Nach den vergeblichen Anläufen, in München Fuß zu fassen, und nach der wenig erfolgreichen Aufführung der «Finta giardiniera» muß der nun erfolgte Auftrag für ihn eine positive Überraschung gewesen sein. Freilich eine Überraschung, die doch nicht ganz zufällig war. Mit der Übersiedlung der Mannheimer Hofkapelle nach München 1778 war auch eine Reihe seiner dortigen Freunde mitgekommen: Christian Cannabich als Konzertmeister und Direktor des Orchesters, der Tenor Anton Raaff, der Flötist Wendling und dessen Frau, die Sopranistin Dorothea Wendling, der Oboist Friedrich Ramm und andere mehr. Eine Förderung durch sie am Münchner Hof, besonders beim entscheidenden

Intendanten des Theaters, Graf Seeau, war sicher zu erwarten. Wie immer durfte Mozart auf die Unterstützung durch hochgestellte Damen zählen. Die Kurfürstin war ihm ebenso wohlgesonnen wie die Maitresse des Kurfürsten, die Gräfin Maria Josepha Paumgarten. Der nonchalante Graf Seeau ließ sich demnach wohl von verschiedenen Seiten überzeugen.

Auch diesmal bereitete Mozart in Salzburg vor, was möglich war. Am 5. November 1781 verließ er Salzburg und geriet in München sofort in einen Strudel von Arbeit, ihm angenehmen gesellschaftlichen Verpflichtungen und herausfordernden Musiker-Kontakten. Mozart war in Hochstimmung, was wir seinem intensiven Briefwechsel mit dem Vater entnehmen können. Wie unglücklich er letztlich in der Zeit zuvor in Salzburg tatsächlich war, können wir nicht mit Bestimmtheit sagen, da uns aus dieser Phase keine Briefe vorliegen. Als er im Januar 1779 München verlassen mußte, hatte er immerhin ganz fürchterlich über die Salzburger hergezogen: *«ich schwöre ihnen bey meiner Ehre daß ich Salzburg und die ihnwonner (ich rede von gebohrnen Salzburgern) nicht leiden kann; – mir ist ihre sprache – ihre lebensart ganz unerträglich»* (Brief vom 8. Januar 1779). Da schwang gewiß Verbitterung mit. Nun schrieb er im positiven Überschwang dem Vater wieder aus München, und es klang ganz ähnlich: *«Wenn es auf mich ankämme – so würde ich bevor ich dießmal abgereiset bin, an den lezten Decret den Hintern geputzt haben denn, mir wird bey meiner Ehre nicht Salzburg – sondern der Fürst – die stolze Noblesse alle tage unerträglicher – ich würde also mit vergnügen erwarten, daß er mir schreiben liesse, er brauche mich nicht mehr –»*. Wie nun schon so oft beobachtet, stürzt sich Mozart in seinem Wohlgefühl gleich wieder in eine überdrehte Planung, deren Realitätsgehalt allerdings fraglich ist. Der Brief lautet weiter: *«würde auch bey der grossen Protection die ich dermalen hier habe für gegenwärtige und zukünftige umstände genug gesichert seyn – Todesfälle ausgenommen – für welche niemand stehen kann – und welche aber einen Menschen von Talenten, der ledig ist, keinen Schaden bringen – ...»* (Brief vom 16. Dezember 1780). Auch die Formulierung der einfachen Botschaft wirkt bereits wirr. Zunächst aber war er mit der Fertigstellung und möglichst erfolgreichen Aufführung seiner Oper beschäftigt.

«Idomeneo» gilt als Mozarts kühnster Beitrag zur Geschichte der Opera seria, ja, es wird von einer mit diesem Werk erfolgten Überwindung der Gattung gesprochen. Seine kontinuierlich feststellbare musikdramatische Experimentierfreude hatte durch die hoffnungsvoll angespannte biographische Situation einen besonderen Impuls erhalten. Doch nicht alles Ungewöhnliche am «Idomeneo» geht auf Mozarts Innovation zurück. Ein ernstes *«Dramma per musica»* im Karneval als theatralischen Höhepunkt aufzuführen, gibt einem frohen Festtreiben eine Tiefendimension, weil es dadurch den Kontrast in der Art eines Memento mori erfährt. Ähnliches findet sich häufig in volkstümlichen Karnevalsbräuchen und war durchaus Konvention. Das Thema des «Idomeneo» ist ein tragischer Konflikt; er gleicht dem in der Operngeschichte viel beliebteren Iphigenien-Stoff: Ein Protagonist gerät in die Lage, einen nahen Verwandten opfern zu müssen, um sich und sein Volk zu retten. Da auf der Opernbühne wenig geläufig, konnte auch nicht einfach auf ein bereits vorhandenes Libretto zurückgegriffen werden. Die Wahl (vielleicht sogar des Kurfürsten selbst) fällt auf Antoine Danchets Tragédie lyrique «Idoméne», die in der Pariser Karnevalssaison 1712 mit Musik von André Campra aufgeführt worden war. Auch bei nachfolgenden Münchner Karnevalsopern in den 1780er Jahren wurden französische Vorlagen bevorzugt. Dies wiederum hat mit dem auf Frankreich hin orientierten Mannheimer Operngeschmack zu tun, den der Kurfürst Karl Theodor auch in München beibehielt. Daß Mozart in starkem Maße den Chor einsetzt und das Werk mit einer großen Ballett-Szene schließt, fußt auf einer Konvention. Vergleicht man Mozarts Oper mit der Vorlage von Danchet, so fällt auf, daß der dritte Akt einen ganz anderen Zuschnitt hat und daß Mozart sich bei der musikalischen Szenengestaltung am Vorbild Glucks (vielleicht an dessen «Iphigenien»-Opern) orientierte.

Wie sehr Mozart freilich diese Vorgaben und Vorbilder in größter Kühnheit im Umgang mit der Gattung ausreizt, ist das Ergebnis musikdramatischer Individuation. Zudem hat ihn gewiß noch eine andere Voraussetzung beflügelt: Er hatte in München ein Orchester und Sänger von einem Niveau zur Verfügung, das man sich nur wünschen konnte. Dennoch stellte Mozart Anforderungen, die auch für dieses Ensemble nur schwer zu bewältigen waren. Dies zeigte sich in der mühevollen Probenarbeit mit den Sängern (besonders mit dem Kastraten Vincenzo dal Prato als Idamante und mit Anton Raaff als Idomeneo). Selbst ein so vorzügliches Orchester mußte mit Mozarts Partituren seine Schwierigkeiten haben; anders ist der gut gemeinte Rat des Vaters nicht zu verstehen: «*Suche nur das ganze Orchester bey guter Laune zu erhalten, ihnen zu schmeicheln und sie durch die Bank mit Lobeserhebungen Dir geneigt zu erhalten; denn ich kenne Deine Schreibart, es gehört bey allen Instrumenten die unausgesetzte erstaunlichste Aufmerksamkeit dazu, und es ist eben kein Spaaß, wenn das Orchester wenigstens drey Stunden mit solchem Fleiß und Aufmerksamkeit angespannt seyn muß.*» (Brief vom 25. Dezember 1780) Überhaupt sind wir über den Arbeitsprozeß und die ihn begleitenden Modalitäten besser und – gewissermaßen – intimer informiert als bei irgend einer anderen Oper des späteren 18. Jahrhunderts. Denn in der Zeit zwischen der Abreise Mozarts aus Salzburg am 5. November 1780 und der Ankunft von Vater und Schwester in München am 25. Januar 1781 hat sich eine intensive Fachkorrespondenz zwischen Vater und Sohn entsponnen, die integrierter Bestandteil der Opernvorbereitung ist und diese nicht bloß widerspiegelt. War doch der Librettist Giambattista Varesco, ein Salzburger Hofkaplan, und Leopold Mozart hatte die diplomatische Aufgabe, dem Dichter die stets dringenden Textänderungswünsche Wolfgangs zu vermitteln. Ohne hier ins Detail zu gehen, lassen sich doch bemerkenswerte Fakten aus den Briefen herauslesen. Das fortlaufende aktive Interesse des Hofes, auch des Kurfürsten selbst, an Planung, Ausarbeitung und Proben überrascht. Weniger verwundert hingegen, daß Mozart seine Vorstellungen hartnäckig bei dem Librettisten wie dem Ensemble und auch bei dem verantwortlichen Intendanten Graf Seeau durchsetzte und verwirklichte.

Vor allem wird klar, worum es Mozart ging – nämlich um eine

richtige Verteilung der Gewichte und Akzente im Gesamtplan des Dramas, aber auch um das plastische Herausmodellieren dramatischer Schnittstellen. Dies sei an einem Beispiel erläutert: Die entscheidende Wende in der tragischen Verstrickung Idomeneos erfolgt nicht handlungslogisch oder psychologisch (wie etwa in «La clemenza di Tito»), sondern durch den Eingriff einer überirdischen Macht, nach barocker Tradition durch den sprichwörtlichen Deus ex machina. Der Orakelspruch einer unterirdischen Stimme, der «Voce» des Gottes Neptun, wendet schließlich die Tragik zum guten Ende. Das Wunderbare, das «Merveilleux» ist jedoch im Zeitalter der Aufklärung fragwürdig geworden. Es gab eine jahrzehntelange Debatte um die Glaubwürdigkeit von Geistererscheinungen auf der Bühne. Sie wurde in den späten 1760er Jahren von Lessing angeheizt und lief auf sein Bekenntnis pro Shakespeare und contra Voltaire hinaus. Mozart hat sich zu diesem Dramaturgen-Streit nie geäußert, aber er kannte das bevorzugte Diskussionsobjekt – Shakespeares «Hamlet» – aus den Aufführungen Schikaneders. Der springende Punkt war für ihn die Wirkung der Erscheinung des toten Königs in «Hamlet» in Übertragung auf sein Idomeneo-Problem. Seine Meinung dazu lautete: *«Wäre im Hamlet die Rede des Geistes nicht so lang, sie würde noch von besserer Wirkung seyn.»* (Brief vom 29. November 1780)

Wie dies nun am Beispiel der Voce des Neptun zu bewerkstelligen sei, darüber waren sich Vater und Sohn Mozart uneinig. Der Vater machte einen Kompositionsvorschlag: *«Wie wär es, wenn nach dem wenigen unterirrdischen Lermen die Instrumente piano aushielten aigentlich auszuhalten anfiengen. dann ein Crescendo bis ins Schröckliche machten, und beym decrescendo die Stimme zu Singen anfieng? und so ein schauderndes crescendo bey jedem Absatz der Stimme. Durch den Lermo, der kurz seyn muß, und nur wie ein Stoß von einem Erdbeben, dadurch die Statue des Neptuns sich bewegt wird alles aufmerksamm, welche Aufmerksammkeit durch den Eintritt einer stillen anhaltenden und dann anwachsenden schröckbar starken Harmonie vermehret und alsdann erst auf*[s] *höchste steigt, da gar eine Stimme erfolgt. mir scheint ich sehe und höre es.»* (Brief vom

29. Dezember 1780) Ohne ausdrücklich darauf einzugehen, berichtete Mozart von seiner Lösung: «*das Accompagnement bey der Unterirdischen Stimme besteht in nichts als 5 stimmen; nemlich; in 3 Posaunen, und zwei Waldhorn, welche an dem nemlichen orte Plazirt sind, wo die Stimme herkömmt. – das ganze Orchestre ist bey dieser Stelle still.*» (3. Januar 1781) Doch damit nicht genug; nach ersten Probenerfahrungen schrieb er dem Vater: «*der Orackel spruch ist auch noch viel zu lange – ich habe es abgekürzt.*» (18. Januar 1781) Während Leopold Mozart stärker zu einem musikalisch charakteristischen Theatereffekt neigte, strebte Wolfgang eine Reduktion der Mittel auf das Wesentliche an. Das Kriterium für sein kompositorisches Handeln war die angestrebte Glaubwürdigkeit einer Göttererscheinung, die ihre naive Akzeptanz bereits verloren hatte. Schon vor der schrittweisen Ausarbeitung stand Mozart die Grundidee klar vor Augen (29. November 1780): «*Stellen Sie sich das Theater vor, die Stimme muss schreckbar seyn – sie muss eindringen – man muss glauben, es sey wirklich so – wie kann sie das bewirken, wenn die Rede zu lang ist, durch welche Länge die Zuhörer immer mehr von dessen Nichtigkeit überzeugt werden?*» Dies ist zweifellos die heikelste Stelle der Oper. Mozarts Wunsch, durch Plastizität des Ausdrucks sein Publikum zu «*rühren*», wie man sagte, richtet sich so wie auf das Walten von Gott und Natur auf die fortwährende Psychologisierung der Personen und ihres Handelns. Das Besondere am berühmten Quartett im dritten Akt liegt in der musikalischen Individualisierung der den vier Personen gemeinsamen menschlichen Sorge, was in einer fatalen Situation nun geschehe und wie jeder ihr begegne. Hierin liegt die Kühnheit der Komposition, aber sie ist nicht als Phänomen zu vereinseitigen. Das Charakteristische bringt Mozart dennoch in eine schöne Balance, ohne den Gattungsrahmen der Oper zu sprengen. Dazu dient das Finale in Form eines Balletts, musikalisch einer großen Orchestersuite, die freilich mehr ist als ein bloßer Übergang zu anderen Karnevalsvergnügungen.

Am 29. Januar 1781, kurz nach Mozarts 25. Geburtstag, wurde der «Idomeneo» uraufgeführt. Zumindest zwei Reprisen fanden im Februar statt. Das ist wenig. Die Resonanz war zwiespältig. Erfolg hatte die Oper beim Kurfürsten, bei Kennern und einem Teil des Adels, kaum jedoch beim allgemeinen Publikum. Das einzige Echo in der Presse war eine Notiz in den «Münchner Staats-, gelehrten und vermischten Nachrichten». Einen neuerlichen Opernauftrag hätte Mozart folglich gar nicht erwarten können. Die in einer Hochstimmung bei Mozart schon üblichen euphorischen Karrierefiktionen stellten sich schon gleich zu Anfang seines neuerlichen Aufenthalts in München ein. Seine Phantasien kreisten nun um ein freies Künstlerleben in der Gesellschaft Münchens, nicht mehr um eine Anstellung bei Hofe und auch da schon nicht um neuerliche Opernaufträge. Karneval in München muß einstmals etwas Besonderes gewesen sein (Leopold Mozart genoß ihn auch noch in späteren Jahren). Ein zu dritt in gehobener Stimmung verbrachter Februar verging. Vater und Schwester reisten nach Salzburg zurück, und Wolfgang brach am 12. März nach Wien auf. Nicht aus freien Stükken. Erzbischof Colloredo hatte sich schon zuvor nach Wien begeben, um seinen kranken Vater zu besuchen, aber auch, um als Fürst in der Habsburgischen Residenzstadt aufzutreten. Dies schien nicht zuletzt deshalb opportun, weil durch den Tod Kaiserin Maria Theresias Ende November 1780 Kaiser Joseph II. am Beginn seiner Alleinregentschaft stand, sich also voraussichtlich die Machtverhältnisse ändern sollten. Bei solch einer Gelegenheit trat ein Fürst selbstverständlich mit seinem Hofstaat auf; Mozart erstrahlte darin als attraktiver musikalischer Schmuck. Daher befahl der Erzbischof Mozart, sich in Wien einzufinden. Der Traum von einem Künstlerleben in München war abrupt zu Ende gegangen, der in Wien wurde nunmehr Realität.

«Ich freute mich ordentlich nach Wien und wußte nicht warum.» Am 16. März traf Mozart in Wien ein, bezog sein Quartier im Hause des Deutschritterordens, in dem auch der Erzbischof wohnte. Schon am ersten Abend wurde er neben dem Geiger Antonio Brunetti und dem Kastraten Francesco Ceccarelli Gästen, *«20 Personnen von der grösten Noblesse»* als Pianist präsentiert. Colloredo hatte Mozart offenbar kühl empfangen – kaum verwunderlich, waren doch zuvor in München die gewährten sechs Wochen Urlaub zu vier Monaten geworden.

Eine Spannung zwischen Fürst und Hofmusiker war somit von vornherein gegeben. So konfliktträchtig nahe, räumlich und in ihren jeweiligen Interessen, waren sie sich noch nie gekommen.

Was sich in der Folge im Detail wirklich abgespielt hat, wissen wir nur aus Mozarts Berichten. Ob ihm Graf Arco zuletzt tatsächlich den berühmten und in jede Feudalismus-Kritik passenden Fußtritt versetzt hat? Zumindest ist es «ben trovato» – von Mozart gut erfunden. Sein Bericht in vielen, dicht aufeinanderfolgenden Briefen folgt einer vorzüglich gesteigerten Dramaturgie hin zur Katastrophe und Peripetie des Dramas. Sie lesen sich wie ein Schauspiel für sich, das Mozart seinem Vater bietet. Ausgangssituation und Tenor der Handlung sind Mozarts beglückende Erlebnisse in der ihn und seine Fähigkeiten allseits bewundernden Wiener Gesellschaft. Schon im ersten Erlebnisbericht, einen Tag nach der Ankunft in Wien, wird allerdings die Munition für das Gefecht bereitgelegt: *«der H: Erzbischof hat die güte und gloriert sich mit seinen leuten – raubt ihnen ihre Verdienste – und zahlt sie nicht davor –»*. Mozart war mit Quartier, Speis und Trank, nobler Gesellschaft gut versorgt. Zusätzlich Geld verdienen zu wollen, mußte in den Augen des Vaters eigentlich ein löbliches Bestreben sein. Öffentliche Auftritte gestattete der Erzbischof jedoch nur im Rahmen des Hofdienstes, nicht zum eigenen Vorteil des Hofmusikers. In der Sicht Mozarts lief es darauf hinaus, *«daß mir der erzbischof hier eine grosse hinderniß ist, denn er ist mir wenigstens 100 dukaten schade, die ich ganz gewis durch eine Accademie In Theater machen könnte –»*. Ganz stur gerierte sich der Erzbischof freilich auch nicht; immerhin durfte Mozart bei einer «großen musikalischen Akademie» der Wiener «Tonkünstler-Societät», einer Wohltätigkeitsveranstaltung, im Kärntnertor-Theater als Pianist auftreten und eine eigene Sinfonie spielen lassen. Genützt hat ihm das in der Wahrnehmung Mozarts wenig. Begeistert schildert er dem Vater seinen Erfolg, um dann die Sache auf den Punkt zu bringen: *«... ich muste wieder Neuerdings anfangen, weil des applaudiren, kein Ende war. – was glauben Sie, wenn ich nun, da mich das Publikum einmal kennt, eine accademie für mich gebe, was ich nicht da machen würde? – Allein un-*

ser erzlimmel, erlaubt es nicht –». Mit der Bezeichnung «Lümmel» für den Erzbischof wagte er sich in seinem Spiel für und mit dem Vater in provozierender Weise sehr weit vor. Eine Provokation, die prinzipiell in dieselbe Richtung zielt, bietet folgende köstliche Szene: Beorderte der Erzbischof seine Hofmusiker Brunetti, Ceccarelli und Mozart zu musikalischen Darbietungen in Adelshäusern, dann lief dies üblicherweise so ab, daß des Erzbischofs Leibkammerdiener Angelbauer die Musiker im Adelspalais erwartete, um sie dann zu passender Zeit durch einen Bedienten zur Gesellschaft führen zu lassen. Der Geiger und der Sänger nahmen dieses Procedere widerstandslos hin, nicht aber Mozart bei einem Auftritt vor dem russischen Fürsten Dmitrij Michailovic Galitsin: *«Ich gieng also mit fleiß weil ich mich schäme mit ihnen wo hin zu gehen, allein hin; – als ich hinauf kamm stund schon H: Angelbauer da den H: bedienten zu sagen, daß er mich hineinführen sollte – ich gab aber weder auf den H: Leibkammerdiener noch H: bedienten acht, sondern gieng gerade die zimmer durch in das Musick-zimmer, den die thürn warn alle offen. – und schnurgerade zum Prinzen hin und machte ihn mein Compliment – wo ich dann stehenblieb, und immer mit ihm sprach; – ich hatte ganz auf meine Cecarelli und Brunetti vergessen, dann man sah sie nicht – die steckten ganz hinterm orchestre an die Mauer gelehnt, und traueten sich keinen schritt hervor. – Wenn ein Cavalier oder dame mit dem Cecarelli redet, so lacht er immer. – unter redet so Jemand mit den Brunetti so wird er roth, und giebt die trockenste antworten.»* Mozart tritt also in dieser Szene wie ein Souverän auf. Die Arroganz gegenüber den sich tölpelhaft benehmenden Musikerkollegen war durchaus auch die des Vaters. Einem Fürsten als Musiker mit korrekten höfischen Aufwartungen selbstbewußt im Angesicht einer adeligen Gesellschaft gegenüberzutreten, ist etwas anderes. Denn im Bild dieser geschilderten Szene ist implizit ein nämlicher Anspruch auch für das Verhältnis Mozarts zum Erzbischof enthalten. Als Verwirrspiel für den Vater schildert Mozart den Erzbischof immer wieder als jemanden, der die Leistungen eines Künstlers nur als Dekor für sich sieht, aber nicht als etwas dem Musiker Eigenes anerkennt – und sie folglich behindert. Der verknöcherte Kleingeist bringe eben nicht jenen souveränen Respekt vor der Kunst auf, den man Mozart überall in höchsten Kreisen Wiens entgegenbringe. Auf diese Weise marginalisiert Mozart seitenlang in seinen Briefen ein kleines, aber wesentliches Detail: Der Fürsterzbischof Colloredo war nun einmal sein Dienstherr. Mozart steigert die Spannung in der Schilderung seiner angeblichen, meist wenig konkret beschriebenen Demütigungen durch den Erzbischof so weit, bis er schließlich nach sechs Wochen Aufenthalt, Ende April, in aller Form seinen *«liebsten vatter»* bittet, *«daß Sie mir erlauben künftige faste zu Ende Carneval nach Wienn zu reisen – nur auf Sie kömmt es an, nicht auf den Erzbischof – denn will er es nicht erlauben, so gehe ich doch, es ist mein unglück nicht, gewis nicht! –»* Es ist schade, daß wir das Schauspiel nur unvollständig überliefert haben, denn die Antwortbriefe Leopold Mozarts sind ganz überwiegend verloren. Aber offensichtlich bemühte sich der Vater stets aufs neue, dem Sohn von einem Verlassen des Salzburger Dienstes abzuraten. Aus diesem Grund wohl hat Wolfgang den wahren Hergang camoufliert.

Der Erzbischof hatte schon am 8. April den Musikern die Heimreise nach Salzburg anbefohlen. Wollten sie länger in Wien bleiben, sollten sie selbst für ihren Unterhalt sorgen. Ihr Quartier behielten sie freilich; auch konnte Mozart, abgesehen von öffentlichen Auftritten, tun und lassen, was er wollte. Die Behinderungen durch den Erzbischof und die sich abzeichnenden Möglichkeiten, viel Geld als freier Künstler zu verdienen, dürften so, wie Mozart sie dargestellt hat, kaum der Realität entsprochen haben. Gewiß aber hatte sich das Reizpotential im Verhältnis zwischen Fürst und Musiker im Laufe der Wochen gesteigert. Doch der Theaterdonner der Katastrophe zu Anfang Mai wirkte unglaubwürdig, es sei denn, der Erzbischof wäre ein wankelmütiger Choleriker gewesen. Das Geschehen mutet ein wenig grotesk an. Wohl hatte der Erzbischof schon seit einiger Zeit zur Abreise der Musiker gedrängt, ohne selbst Anstalten zu machen. Der Geiger Brunetti war dem Wunsch bereits nachgekommen, nicht aber Mozart. Am 27. April veranstaltete der Erzbischof vermutlich für seinen Vater eine letzte Akademie.

Für Mozart lief alles bestens; nach dem Konzert baten ihn begeisterte Damen noch ans Klavier. Er spielte Variationen über ein Thema, das ihm der Erzbischof gab. Im Brief darüber vom 28. April heißt es: «*Wann und wie ich abreise, kann ich Ihnen noch nicht schreiben – es ist doch traurig daß man bey diesem Herrn nichts wissen kann – auf einmal wird es heissen, allons weg! –*» Wie angekündigt, geschieht es ‹ganz plötzlich›. Unmittelbar nach dieser Akademie scheint sich der Erzbischof zur Abreise entschlossen zu haben. Die im Deutschritterordenhaus beanspruchten Räume für das Gefolge werden aufgegeben. Am 1. Mai erhält Mozart ‹völlig unvorbereitet› durch einen Läufer die Anweisung, auszuziehen. Einige Tage später kommt es dann zu einem minutiös in direkter Rede wiedergegebenen Streit zwischen Fürst und Musiker, bei dem nicht recht klar wird, ob der Erzbischof Mozart entlassen oder der «*Lausbub*» und «*Lump*» selber seinen Dienst aufgekündigt hat.

Eine Peripetie war dies zweifellos – für Leopold Mozart wohl eine Katastrophe, für Wolfgang das Tor zu neuem Glück. In den Augen des Vaters war es ein Unglück, das sich nicht nochmals, so wie nach der Paris-Reise, doch irgendwie würde wenden lassen. Doch damit nicht genug: Mit dem Verlust der Stellung begann zugleich ein neues Schauspiel, das in den Augen des Vaters drohte, zu einer weiteren Katastrophe zu führen. Ein mächtiger Mitspieler war abgetreten, ein anderer, von Mannheim her mit vielen Vorurteilen belastet, erschien unverhofft wieder auf der Bühne – die Familie Weber. Mozart inszenierte das Ereignis im Brief sehr theatralisch. Die anderen hätten vorweg den Tag bestimmt bekommen, an dem sie ausziehen müssen; er wußte «*den Augenblick ... ich machte also alles geschwind in den koffer zusamm, und – die alte Mad:me Weber war so gütig mir ihr haus zu offriren – da habe ich mein hüpsches Zimmer; bin bey dienstfertigen leuten, die mir in allen, was man oft geschwind braucht, und wenn man allein ist nicht haben kann an die hand gehen. –*» (Brief vom 9. Mai) In einem Brief drei Tage später an den Vater steht folgender Satz: «*Wenn man eine Comoedie schreibt, so muß man, wenn man beyfall erhalten will, etwas urtriren, und nicht so genau der Wahrheit der Sache treu blei-*

ben. –» Das sagt Mozart freilich nicht über sich selbst, sondern über den Grafen Arco, von dem er annimmt, er habe seinen Vater von den Ereignissen in Wien berichtet. Unwillentlich ist es aber doch ein Bekenntnis. Es waren Wochen voll innerem Aufruhr, auch für den Vater. So viel wird man Mozarts «*Comoedie*» glauben müssen, daß er sich tatsächlich gegen seinen Fürsten auflehnte, Mann gegen Mann, und sich nicht hinter einem Entlassungsgesuch voll schöner Worte im kurialen Stil versteckt und sich davonschleichen wollte. Dies war unerhört. Nicht nur Briefe wurden darüber geschrieben; Leopold Mozart wird auch mehr oder minder offizielle Klagen aus der Umgebung des Erzbischofs zu hören bekommen haben, und wenig angenehm für ihn wird gewesen sein, daß all dies ein Thema für den Klatsch in der Salzburger Gesellschaft abgeben würde.

Wir können heute nicht ohne weiteres nachempfinden, wie sehr Mozart gegen das feudal und patriarchalisch geprägte Denken seiner Zeit verstoßen hatte. Bezeichnend dafür erscheinen die Einwände des Grafen Arco, Mozart könne gar nicht von sich aus und ohne Einwilligung seines Vaters den Dienst quittieren. Daß Mozart davon seinem Vater schrieb, gehört wohl als Taktik bereits ins neue Stück; so wollte er dem Vater Vertrauen und Gesprächsbereitschaft signalisieren. Das alte Stück war in Formlosigkeit und mit harten Fakten zu Ende gebracht worden. Das neue, das nun anhob, drohte zu einem menschlich tiefer reichenden Bruch zwischen Vater und Sohn zu führen. Im Verlauf des intensiven Briefwechsels während der folgenden Monate (von dem uns auch wieder nur die eine Seite erhalten ist) muß beiden rasch klar geworden sein, was der jeweils andere wollte: Mozart wollte heiraten, sein Vater dies verhindern und, als er seinen Einfluß schwinden sah, es letztlich nicht erlauben. Diesen Konflikt können wir noch eher verstehen, auch wenn wir wohl kaum ermessen können, welch ein schlimmer Tabubruch es war, ohne formelles Einverständnis des Vaters ein Mädchen zu heiraten. Immerhin können wir nachempfinden, daß sich Mozart gegenüber seinem Vater sehr viel schwerer tat als gegenüber seinem Fürsten, sich durch Taten zu emanzipieren. So griff er zum bewährten, hinhaltenden, wenn auch noch nie wirklich erfolgreichen, aber aus Zeiten der Pubertät altgewohnten Mittel der Schauspielerei.

Den ausgeprägten Familiensinn der Webers hatte Leopold Mozart in dem abschätzigen Wort von den «*Weberischen*» wohl recht genau getroffen. Als Aloisia 1778 ein Engagement in München erhielt, hatte sie die Anstellung ihres Vaters beim Theater ausbedungen und gleich auch die übrige Familie, Mutter und zwei Schwestern, mit nach München genommen. Aloisia verdiente als Sängerin mehr als das Dreifache dessen, was Mozart in Salzburg erhielt. Schon ein Jahr später erreichte sie ein Engagement als bestbezahlte Sängerin am Nationaltheater in Wien – wieder unter den gleichen Bedingungen für ihre Familie. Als Mozart nach Wien kam, war Aloisia schon eine Zeitlang mit dem Schauspieler und Maler Joseph Lange verheiratet. Ihr Ende 1779 verstorbener Vater Fridolin hinterließ viele Schulden, und so war die finanzielle Lage der Familie insgesamt weniger günstig, als die beachtliche Gage Aloisias von 1700 Gulden es vielleicht erwarten läßt. Die Mutter Cäcilia Weber war weniger eine «gütige» als eine zielstrebige und tatkräftige Frau. In ihrem Wiener Quartier am Petersplatz suchte sie durch das Vermieten von Zimmern zu einem zusätzlichen Einkommen zu gelangen. Die beiden jüngeren Töchter Sophie und Constanze waren noch unverheiratet. In dieser Situation war ihr Wolfgang Amadé Mozart ein sehr willkommener und gut vertrauter Zimmerherr. Zur Zeit seines Entschlusses, in Wien zu bleiben, hatte Mozart schon so viele Kontakte in der guten Gesellschaft geknüpft, daß sich gewiß ein Weg hätte finden lassen, eine respektablere Unterkunft auszukundschaften. Aber vielleicht empfand Mozart nach all den Aufregungen ein ehrliches Bedürfnis nach einem Familienanschluß und etwas Bemutterung.

Den Vater umdrängten Mannheimer Erinnerungen und die Sorge, sein Sohn könne sich wieder in unrealistische Pläne verstricken und über die «*Weberische*» die eigene Familie vergessen. Außerdem hatte er nach letzten vergeblichen und heftigen Unterredungen Wolfgangs mit dem Grafen Arco Ende Mai und Anfang Juni einiges an Pressionen in Salzburg zu erwarten. Dies wird auch seine Gutwilligkeit nicht gerade gefördert haben, als sich eine ernstere Liebesbeziehung Wolfgangs zu Constanze Weber abzuzeichnen begann. Ihm mußten derlei Gerüchte zu Ohren gekommen sein. Wolfgang trat nun nicht so bestimmt gegenüber seinem Vater auf, wie zuvor im Konflikt mit dem Erzbischof, er suchte vielmehr zu kalmieren und zu bagatellisieren. Erzählungen von seinen musikalischen Erfolgen, seiner Bekanntheit in der Gesellschaft und seinen Karrierechancen sollten diesen beruhigenden Effekt ebenso bewirken wie die Versicherung, derzeit überhaupt nicht ans Heiraten zu denken – und wenn, dann wolle er mit einer reichen Frau sein Glück machen. Sein Vater hätte es nicht treffender formulieren können, so tönte es bei Mozart: *«gott hat mir mein Talent nicht gegeben, damit ich es an eine frau henke, und damit mein Junges leben in unthätigkeit dahinlebe. –»* (Brief vom 25. Juli) Was er hier und in der Folge dem Vater bot, war freilich eine rechte *«Comoedie»*. Nachträglich und Stück für Stück mußte er schließlich mit der Wahrheit herausrücken. Aber auch der Verlauf der realen Liebesgeschichte war für ihn wenig komfortabel. Um dem Gerede der Leute zu entgehen, zog Mozart Anfang September in ein anderes Quartier. Da aber setzte Mutter Weber nach und schickte Mozart den Vormund der minderjährigen Constanze. Er hieß Johann Thorwart und war, unangenehm für Mozarts Opernpläne, eine Art kaufmännischer Leiter des Nationaltheaters. Aus Liebe und wohl auch aus Opportunitätserwägungen ließ sich Mozart auf einen Ehekontrakt ein. Darin verpflichtete er sich, Constanze Weber innerhalb von drei Jahren zu ehelichen, andernfalls ihr eine Jahresrente von 300 Gulden zu bezahlen. Mitte Dezember berichtete Mozart davon mit wörtlichem Zitat des Kontrakts seinem Vater. Ein halbjähriges Versteckspiel fand so sein Ende. Leopold Mozart tobte. Zu Neujahr wurden nicht einmal die üblichen Glückwünsche ausgetauscht. Dabei konnte es nicht bleiben, wenngleich eine seelische Verletzung bei allen Beteiligten, auch bei der Schwester Maria Anna, die sich ganz hinter den Vater stellte, zurückblieb. Mutter Weber und Thorwart wurden nun in Wolfgangs Korrespondenz als die Bösen beschrieben und Constanze als ein zu errettendes Mädchen gegenüber dem Vater verklärt. Unverständlicherweise gab sich Cäcilia Weber nun tatsächlich als gekränkte Matrone. Für Mozart entstand damit eine Situation, die schlicht unerträglich war. Er fühlte sich gepeinigt von der Entfremdung vom Vater, die in der frostigen Korrespondenz spürbar wird, und von einer renitenten Schwiegermutter in spe, die ihm sogar mit der Sittenpolizei drohte. Hatten er und seine Braut in dieser Lage eine seelische und auch materielle Hilfe dringend nötig, so kam diese von einer ungewöhnlich libertinen Dame der Wiener Gesellschaft, der Baronin Martha Elisabeth von Waldstätten. Sie war vom Künstler Mozart begeistert und nahm sich ganz offenbar in ihrer souveränen Art vor, bei den Mozarts alles zum Guten zu wenden. Letztlich gelang es ihr sogar, den Vater zu besänftigen. Nachdem der Heiratskonsens aus Salzburg eingetroffen war, konnte sich ein glückliches Paar am 4. August im Stephansdom die Ehe spenden, danach hatte die Baronin von Waldstätten die kleine Hochzeitsgesellschaft zu einem Souper geladen. Das Ehepaar bezog eine neue Wohnung in Wien. Mit dieser Eheschließung und Gründung eines Hausstands hatte sich Mozart dauerhaft in Wien etabliert.

6. Als Künstler im josephinischen Wien

Die Vorstellung davon, was Mozart für die Musik bedeutet, ist schon seit 200 Jahren vorwiegend mit jenem Teil seines Oeuvres verbunden, der in Wien zwischen 1781 und 1791 entstand. Im Laufe des 20. Jahrhunderts hat sich wohl das Interesse für seine Musik vor dieser Zeit gesteigert; ein teilweise «unbekannter Mozart» hat Eingang ins Repertoire gefunden. Aber die Dominanz der «Meisterwerke» aus der Wiener Zeit ist bestehen geblieben. Insgesamt wohl zu Recht, und nicht nur aus Gewohnheit. Sinnvoller als den einen gegen den anderen, den Salzburger gegen den Wiener Mozart zu stellen, erscheint es mir jedoch, die Entwicklung in seiner Kunst und auch in seinem Leben zu sehen.

Der auffälligste Wandel, der sich in Mozarts Leben 1781/82 vollzog, bestand darin, daß er an einem Ort seßhaft wurde. Er hat eine Familie gegründet und als Künstler nie wirklich ernsthaft Anstalten gemacht, Wien zu verlassen und anderswo sein Glück zu suchen. Chancen dafür hätte es gegeben. Im Unterschied dazu war Salzburg zuvor nie das Zentrum seines Lebens. Mit seiner Familie – auch mit der sehr in der Heimat verwurzelten Mutter –, war Mozart seit seinen Kindertagen, wie wir gesehen haben, häufig und oft auch sehr lang auf Reisen. Wie sein Vater pflegte er, in vielleicht ungerechter Weise, eine innere Distanz zu Salzburg. Nun aber ließ er sich auf einen Ort und seine Menschen ein. Die Gründe dafür liegen in den Ereignissen von 1781/82, die in vielfacher Weise eine Stabilisierung in einem neuen Lebensabschnitt erforderten. Aber Wien muß auch als solches für ihn eine Attraktion gewesen sein, die über die bei ihm übliche erste Begeisterung hinaus und über alle im Laufe der Zeit auftretenden Schwierigkeiten hinweg anhielt. Dies ist um so bemerkenswerter, als Wien für ihn ein vorbelasteter Ort war. Nach dem so schönen wunderkindlichen Auftritt in Schönbrunn bei Kaiserin Maria Theresia mußte ein durch nachfolgende Enttäuschungen geprägtes Erinnerungsbild entstanden sein. Auch Kaiser Joseph II., der frühe Förderer, wird mit dem Namen Mozart bei seinem Wiedererscheinen etwas an ambiger Erinnerung verbunden haben. All das Vergangene hat Mozart aber zu einem neuen Impuls verwandelt. Attraktiv war für ihn die prickelnde Atmosphäre des josephinischen Jahrzehnts, und vice versa paßte seine bewegliche und entflammbare Persönlichkeit sehr gut in die Aufbruchsstimmung zumindest der frühen 1780er Jahre. Das mag auch der Kaiser gespürt haben.

Um diese besondere Atmosphäre zu vermitteln, möchte ich die politische Situation Österreichs ein wenig skizzieren: Joseph II. hat das Reformwerk seiner Mutter Maria Theresia fortgesetzt. Als Ziel verfolgte er die Befestigung der Habsburgischen Machtposition und die Errichtung einer modernen und straffen innerstaatlichen Ordnung. Aufklärerische Bestrebungen hat er mit einer Intensität betrieben, die ihm den – wenn auch übertriebenen – Beinamen «Gekrönter Revolutionär» (Johannes von Müller) eintrug. Besonders in den frühen 1780er Jahren brachten die Abschaffung der Leibeigenschaft und der Todesstrafe, das Toleranzpatent, die rechtliche Besserstellung der Juden oder die Lockerung der Zensur echte Fortschritte. Die Kirchenpolitik mit ihren scharfen Säkularisierungsmaßnahmen (Aufhebung von 700 Klöstern) und die zahlreichen reglementierenden Eingriffe in Privilegien und in als privat empfundene Lebensbereiche führten zu Widerständen bei allen Ständen, ausgenommen jener sich herausbildenden Schicht von Beamten, Intellektuellen und Künstlern, die Josephs Ziele befürworteten und ausführten. In der Kulturpolitik ging es um nicht weniger als die entschiedene Schwächung der beiden seit Jahrhunderten wirkungsträchtigen Trägerinstitutionen der Kunstmusik – Hof und Kirche. So ist es weder Zufall noch ein persönliches weltanschauliches Bekenntnis, daß Mozart und Haydn in den 1780er Jahren kaum Kirchenmusik komponierten. Es bestand kein Bedarf für groß dimensionierte kirchenmusikalische Werke (wie Mozarts c-Moll-Meßfragment), gemäß den Bestimmungen nicht einmal die Möglichkeit, sie aufzuführen. Das Verbot von Instrumentalmusik in der Kirche (1783) unterbrach eine gerade in Österreich markante Tradition. Die musikalischen Interessen verlagerten sich auf andere Gebiete und auf die Ausgestaltung der entstandenen Freiräume. Die Ausschaltung repräsentativer Hofmusik großen Stils förderte, durchaus im Sinne des Kaisers, das Musikleben in den Stadtpalais und Landschlössern der Aristokratie, beim Bürgertum und auch in den verbliebenen großen Klöstern. Übrigens ähnlich wie der Salzburger Fürsterzbischof Colloredo zeichnete Kaiser Joseph II. ein ausgeprägter Sinn für Sparsamkeit und eine Emphase für den aufklärerischen Begriff der «Einfachheit» aus, die dem Begriff «Volk» eine neuartige, gegen ein ständisches Denken gerichtete Bedeutung verlieh. Aber Joseph II. verfügte über ein unvergleichlich größeres Machtpotential und ein dazugehöriges Umfeld, so daß man durchaus behaupten kann, daß er allen Widerständen zum Trotz und kaum vergleichlich radikal aktuelle aufklärerische Ideale durchzusetzen und Österreich zu einem modernen Staat zu entwickeln suchte. Dem entsprachen auch seine persönliche Haltung und sein Äußeres. Er trat bevorzugt als Graf von Falckenstein auf, mied repräsentative Auftritte und große kirchliche Zeremonien, reduzierte die höfische Kultur und bewegte sich gerne in aristokratischen Salons. Der Tendenz, Einfachheit und Einheit des Staatsvolkes zusammenzudenken, dienten seine Versuche, öffentliche Veranstaltungen wie Theateraufführungen oder Bälle Angehörigen aller Stände zugänglich zu machen. Neben anderen Komponisten schrieb auch Mozart in den späten 1780er Jahren Tanzmusik für derartige Bälle im Redoutensaal der Hofburg. Für den Kaiser waren Musik und besonders das Musiktheater wohl auch, aber nicht ausschließlich Bereiche der Unterhaltung und der Rekreation, und schon gar nicht Teile einer imperialen Repräsentation, sondern in erheblichem Maße für neue politische Absichten eingesetzte Faktoren.

Diese Verbindung von Zentralismus und Aufklärung nennt man gemeinhin «aufgeklärten Absolutismus». Die Verquickung dieser an sich heterogenen Bestrebungen hatte ihren Fokus selbstverständlich in den Metropolen, den Residenzstädten. Wien war eine solche Stadt im Aufbruch und im Wandel. In ihr fokussierte sich die kulturelle Pluralität des Habsburgerreiches. Wien war damals die polyglotteste Stadt überhaupt. In der Beamtenschaft des Machtzentrums fanden sich Repräsentanten alter Schichten gemeinsam mit Vertretern eines neuen Bürgertums. In dieser brisanten Mischung wurde eine gesellschaftliche Utopie antizipiert. Den Ort einer gesellschaftlichen Avantgarde bildeten die damals sich modisch ausbreitenden Freimaurerlogen. Dort geschah Unglaubliches – ein Fürst konnte einem Nichtadeligen das «Du» anbieten, sahen sie sich doch in ihrer «Logenarbeit» brüderlich vereint.

Ein anderer Ort der idealen Gesellschaft war das gemeinsame Musizieren Angehöriger unterschiedlicher Stände. Zu musizieren und sich als Musiker oder Sänger mit seinen Untertanen gemein zu machen, hatte bei den Habsburgern Tradition. Alle barocken Kaiser waren Komponisten (Leopold I. einer von professionellem Niveau). Dies wirkte vorbildgebend auf den Adel und dann das Bürgertum. Die damals aufblühende, vielbewunderte und noch heute nachwirkende Wiener Musizierfreude in als aktuell empfundenen, zum Teil auch tatsächlich neuen Gattungen (Streichquartett, Klaviertrio, Sololied usw.) hat also eine höfische Kammermusik-Tradition hinter sich.

Als ein weiterer für die Zeit markanter Wandel erscheint die rasche Entwicklung einer publizistischen Öffentlichkeit. Seit den 1770er Jahren entstand, was man die josephinische Broschürenflut nennt. Gerade das Kultur- und Theaterleben Wiens wurde in diesem Medium heftig diskutiert, auch politisch brisante Themen nicht ausgespart. Brisanz ist überhaupt ein geeigneter Begriff, um die gesellschaftliche und politische Atmosphäre dieses Jahrzehnts zu charakterisieren. Insofern war die Situation auch eine stets gefährdete, zwischen Reformen, Vorstößen zu neuen Freiräumen und Rückschlägen, Enttäuschungen changierend. Dies trifft auch für das Verhalten des Kaisers selbst zu. Er förderte den angesprochenen kulturellen Aufbruch, versuchte ihn in seinem Sinne zu lenken und den zentralistischen Machtbestrebungen anzupassen, mußte aber mehr und mehr unter dem Druck realer Ereignisse – innerer Widerstände, aber auch Kriege – von vielen seiner hochfahrenden Pläne und bereits eingeleiteten Reformen wieder Abstand nehmen. Seine Regentschaft durchlief also eine Kurve, deren Auf und Ab auch auf das Kulturleben unverkennbare Auswirkungen hatte. Am hoffnungsvollen Beginn von Kaiser Josephs Alleinregentschaft kam Mozart nach Wien.

Trotz aller Wirrnisse im Verlauf des Sich-Ablösens von Fürst und Vater in Salzburg und trotz seiner nur zu begreiflichen Verklärung der Verhältnisse in Wien hat Mozart nicht alles, was er bisher in ähnlichen Situationen eines Fuß-fassen-Müssens erlebt hatte, vergessen. Er wußte, wie wichtig es ist, zu einem Fürsten möglichst rasch vorzudringen, dessen Gunst zu gewinnen und eine respektable Stellung bei Hofe zu erlangen. Auch wußte er, wie sehr dieses eine mit dem anderen zusammenhängt, das Interesse der guten Gesellschaft auf sich zu lenken und als Künstler bei ihr Sensation zu machen. Mozart äußerte sich auch dahingehend, alles zu tun, um möglichst rasch zum Kaiser vorzudringen. So lange er im Dienste des Salzburger Erzbischofs stand, war dies kaum möglich. Bei aller Verbitterung und all dem Streit hatte sein Dienst doch den Vorteil, vom Erzbischof schon aus Eigennutz immer wieder der Wiener Noblesse präsentiert zu werden. Mozart war selbstverständlich bemüht, sich von der besten Seite zu zeigen. Dabei ergab sich die Chance, nicht nur neue, sondern auch alte, an verschiedenen Orten und besonders in Italien gewonnene Kontakte zu beleben. Der Beginn war in Wien also nun ein anderer als hier und anderswo zuvor. Seinen fürstlichen Dienst quittiert zu haben, scheint ihm beim Adel nicht geschadet zu haben; er dürfte sogar tatsächlich ermutigt worden sein, sein Glück in Wien zu versuchen. Wieder waren es hochgestellte Damen und Musikkenner beiderlei Geschlechts, die ihn in verschiedener Weise unterstützten. So entstand rasch ein Netz hilfreicher Persönlichkeiten, die hier gar nicht namentlich aufzuzählen sind. Jedenfalls ließen sie schlechte Wiener Erinnerungen aus vergangenen Zeiten gar nicht erst aufkommen.

Der aufgewühlte und euphorische Mozart wußte aber auch, wie ein Musiker in diesem freien Markt handeln mußte, um Einnahmequellen für seinen Unterhalt zu finden. Dies waren: Unterricht von zahlungskräftigen Schülern, Konzertauftritte als Pianist, als Komponist der Druck von Noten und – noch viel besser – der Auftrag für eine Oper und deren erfolgreiche Aufführung. Noch mitten im Loslösungskampf vom Erzbischof schätzt Mozart gegenüber dem skeptischen Vater seine Möglichkeiten, für sein Auskommen sorgen zu können, gut ein: «*Nun ist die Suscription auf 6 Sonaten im Gang, und da bekomme ich geld – mit der opera ist es auch schon richtig – und in advent gebe ich ein Conzert, dann geht es so immer besser fort – denn, in Winter ist was ganz gutes hier zu verdienen.*» (Brief vom 19. Mai 1781) Dieses rosig gemalte Bild war ja nicht völlig falsch, auch gestand Mozart die bald auftretenden Schwierigkeiten selbst dem Vater gegenüber ein. Etwa beim Unterrichten: Seine erste Schülerin fand er in Kreisen der Hocharistokratie, zu denen die Mozarts schon bei früheren Wien-Besuchen Kontakt gefunden hatten. So kam es, daß er schon in den ersten Wochen wiederholt Gast bei der Gräfin Maria Wilhelmine Thun-Hohenstein war – «*das ist die charmanteste, liebste Damme die ich in meinem leben gesehen*». Die Gräfin förderte Mozart nachdrücklich. Einer, der so auf Mozart aufmerksam geworden war, war Johann Philip Graf von Cobenzl, Vizehof- und Staatskanzler, einer der mächtigsten Männer der Monarchie. Dieser wiederum brachte Mozart mit seiner Base, der Gräfin Marie Karoline Rumbeke zusammen. Sie wurde Mozarts erste Klavierschülerin in Wien. «*mein Preis ist für 12 lectionen 6 dukaten ... von dieser einzigen Skolarin kann ich mich durchbringen, und das ist mir unterdessen genug.*» (Brief vom 16. Juni 1781) Doch im Sommer stockte der Verdienst: «*Meine Scolarin blieb 3 wochen auf dem lande – ich hatte folglich nichts einzunehmen, und die ausgaben gingen aber immer fort –*» (Brief vom 25. Juli 1781) Ähnlich wie beim Unterrichten verliefen Mozarts Versuche, einträgliche Subskriptionskonzerte zu veranstalten: «*Nun sagte mir aber die gräfin thun das vor dem herbst an die souscription nicht zu denken seye – weil alles was geld hat auf dem lande ist – sie hat dermalen nicht mehr als 10 Personen, und meine Scolarin nicht mehr als Sieben –*». (25. Juli 1781) Sich als Pianist zur Schau zu stellen und für das Klavier zu komponieren, bildete einen der beiden großen Interessensschwerpunkte Mozarts. Von der Wiener Klavierbegeisterung schreibt Mozart immer wieder seinem Vater und fühlt sich so recht glücklich im «*Clavierland*» zu sein. Freilich wußte er sehr wohl, wie schwierig die Realisierung dessen sein würde, was bereits wie ein Widerspruch in sich klingt – auf Dauer Sensation zu machen. Wenn der Reiz der Abwechslung schon nicht in der Person des Künstlers liegt, so muß man ihn in den Darbietungsformen befriedigen. Akademien allein oder mit anderen Künstlern zusammen in Theatern oder anderen geeigneten Räumen zu veranstalten, hatte eine lange Tradition. Mit der nunmehrigen Zunahme solcher Veranstaltungen trat ein neues Unternehmertum auf den Plan, das Chancen im Experimentieren mit Darbietungsformen sah. Ein solcher Jungunternehmer war Philipp Jakob Martin, der beginnend in der Saison 1781/82 in Wien Dilettantenkonzerte veranstaltete, Bälle und andere Lustbarkeiten arrangierte. Mit ihm hat sich Mozart im Frühjahr 1782 zusammengetan, um gemeinsam Konzertreihen zu planen. Anschaulich berichtet er davon dem Vater: «*Nun wird diesen Sommer durch im augarten alle Sonntage Musique seyn. – ein gewisser Martin hat diesen Winter ein Dilettanten Conzert errichtet, welches alle freytäge in der Mehlgrube ist aufgeführt worden. – sie wissen wohl daß es hier eine menge Dilettanten giebt, und zwar sehr gute, sowohl frauenzimmer als Manspersonnen. – Nur ist es mir noch nicht recht in ordnung gegangen. – dieser Martin hat nun durch ein Decret vom kayser die erlaubnüss erhalten, und zwar mit versicherung seines höchsten Wohlgefallens, 12 Conzerte im augarten zu geben. und 4 grosse Nachtmusique auf den schönsten Plätzen in der Stadt. – das Abonnement für den ganzen Sommer ist 2 Ducaten.»* (Brief vom 8. Mai 1782) Mit dem Augarten ist ein Gebäude in einem kaiserlichen Park gemeint, den Joseph II. der Öffentlichkeit zugänglich machte. Im Augarten wie in der Mehlgrube (auf dem Neuen Markt) wurden neben der Musik auch anderes – wie Speisen und Getränke, diverse Spiele, Billard, auch ein Casinobetrieb – angeboten. Der Financier des Augarten-Unternehmens scheint überhaupt der dortige Restaurantbetreiber, der Hoftraitteur Ignaz Jahn gewesen zu sein. Auch der Reiz von Veranstaltungen zu ungewöhnlichen Tageszeiten wurde genutzt; so gab es *«Morgenkonzerte»*, die um 7 oder 8 Uhr begannen, und nächtliche Serenaden, die sogenannten *«Limonadenhütten»*. Im Publikum mischten sich Adel und Bürgertum. Über das erfolgreiche erste Dilettanten-Konzert berichtet Mozart stolz: *«Es war der Erzherzog Maximilian auch da, gräfin thun, Wallenstein, Baron van suiten und eine menge anderer.»* (29. Mai 1782) Bei diesen Konzerten war Mozart als Komponist, Pianist und auch als Programmgestalter tätig. Einen hohen Anreiz bot für ein Publikum damals wie heute die Vielfalt des Angebots insgesamt.

Bei der erstaunlich großen Zahl von ausgesprochenen Kennern in der Aristokratie und in der neuen Beamtenschicht war es kein Wunder, daß sich elitäre Musizierzirkel bildeten, die unter anderem für die Kultur repräsentativ waren. Betont sei, daß sie kein kunstesoterisches Randphänomen darstellten. Zu dem gesellschaftlich bedeutendsten dieser Zirkel fand Mozart rasch Zugang. Es war jener Gottfried van Swietens. Er war zur Zeit Josephs II. als Nachfolger seines Vaters, des berühmten Arztes Gerard van Swieten, Präfekt der Hofbibliothek und Präses der Studienhofkommission, also ein sehr einflußreicher Mann. In den 1770er Jahren in Berlin/Potsdam als österreichischer Gesandter tätig, fand der komponierende Nobile dilettante Kontakt zu Persönlichkeiten aus dem ehemaligen Umkreis von Johann Sebastian Bach wie dessen Sohn Philipp Emanuel Bach oder dem Komponisten und Musiktheoretiker Johann Philipp Kirnberger. Van Swieten begeisterte sich für ältere Musik, besonders für jene von Händel und Johann Sebastian Bach. Diese Vorliebe pflegte er intensiv im Wien der 1780er Jahre. Sie war aber hier nicht ganz so exotisch, wie man meinen möchte. Vielmehr gab es unter Fachmusikern durchaus Kenntnis und Wertschätzung für die Instrumentalmusik Bachs. Händel war besonders durch seine späten Oratorien eine Größe der europäischen Musikwelt geworden. Van Swieten lud an Sonntagen angesehene Wiener Musiker zu Matineen in seine Dienstwohnung, die er als Hofbibliothekar bewohnte. Unter ihnen waren Joseph Starzer und der eben von seinem Unterricht bei Padre Martini aus Bologna zurückgekehrte Anton Teyber. Zu einer elitären Mode war in diesem Kreis, aber auch selbst beim Kaiser oder bei Mozarts Frau Constanze, die Beschäftigung mit der streng kontrapunktischen Gattung der Fuge geworden. Daß darüber hinaus die Vertrautheit mit van Swieten für Mozart zum gesellschaftlichen Vorteil gereichte, liegt auf der Hand.

Die mit einem freien Künstlertum verbundenen Risiken waren Mozart selbstverständlich alle bekannt, erfahren hat er sie vorderhand nur zum Teil. Die Aristokratie gestaltete ihr Leben in einem beweglichen Zyklus von Sommer- und Wintersaison und in Abwechslung der Attraktionen. Mit einer Stabilität der Einnahmen konnte ein Künstler weder beim Unterrichten noch beim Konzertieren rechnen. Als Pianist vertraute Mozart schon zu Beginn auf Erfolgschancen in Wien: «*mein fach ist zu beliebt hier, als daß ich mich nicht Souteniren sollte. hier ist doch gewis das Clavierland!*». (Brief vom 2. Juni 1781) Daß das ihn umjubelnde aristokratische Publikum sich auch wieder einem anderen zuwenden könnte, befürchtete er viel weniger als sein mahnender Vater, der um die Gefahr wußte, und den er beruhigte: «*die Wienner sind wohl leute die gerne abschiessen – aber nur am Theater.*» (Brief vom 2. Juni 1781) Jedoch, muß man hinzufügen, ein Erfolg auf dem Theater ist lokal und vor allem für die Außenwirkung noch wichtiger als einer im «*Clavierland*». Wie wir gesehen haben, hatte Mozart auf dem mit internationaler Aufmerksamkeit ausgezeichneten Feld der Oper bisher keinen anhaltenden Erfolg erlangt. Darüber sprach er nicht, aber er wußte es nur zu gut und handelte danach. Schon vor dem Bruch mit dem Erzbischof streckte er seine Fühler aus. Verharmlosend schrieb er dem Vater, *«der Junge Stephani wird mir ein Neues stück, und wie er sagt, gutes stück, geben, und wenn ich nicht mehr hier bin, schicken»*. (Brief vom 18. April 1781) Ein neues Stück erhielt Mozart trotz seines Drängens von Gottlieb Stephani d. J. nicht, vielmehr die Bearbeitung eines Stückes von Christoph Friedrich Bretzner, das zudem Johann André bereits komponiert hatte. Das Sujet mit seiner Türken-Thematik war Mozart vertraut und recht, zudem war er an einem engen Kontakt mit Stephani offensichtlich interessiert (*«er versteht das theater, und seine komoedien gefallen immer»*). So akzeptierte er Stephani auch als Bearbeiter eines fremden Stückes. Die Vereinbarung mit ihm hatte freilich einen offiziellen Auftrag zur Voraussetzung. Die Vorgeschichte reicht weit zurück. Schon bei der Gründung des «Deutschen Nationaltheaters» im Wiener Burgtheater witterte Mozart seine Chance und drängte noch von Mannheim aus (10./11. Januar 1778) seinen Vater, Wiener Freunde mit guten Kontakten bei Hofe zu bitten, den Kaiser anzuregen, *«mich mit einer opera* [zu] *Probiren»*. Der als Helfer ausersehene Franz von Heufeld gab den Rat, eine *«gute deutsche komische Oper»* zu komponieren. Auch meinte er, daß eine Anwesenheit in Wien nötig sei. Die war nun gegeben. Wie es im einzelnen lief, ist nicht zu durchschauen, aber im Frühjahr 1781 hat der «General-Spektakel-Direktor» Graf Rosenberg-Orsini (den Mozart von Italien her kannte) den Auftrag erteilt, für Mozart *«ein gutes Opernbuch ... zu schreiben»* (Brief vom 9. Juni 1781). So kam es zum Kontrakt mit Stephani. Anfang August 1781 stand alles fest, und die Arbeit begann. Mozart ging aufs Ganze. Mit einem großen Interesse der Wiener konnte er aufgrund des gewählten Stoffes rechnen, zumal Christoph Willibald Glucks Singspiel «Die Pilgrime von Mekka» sich eines anhaltenden Erfolgs erfreute. Er provozierte damit aber auch den Vergleich mit der Musik des berühmten Altmeisters. Stephani bot ihm das denkbar beste Ensemble an – mit Sängerstars wie der Catarina Cavalieri und mit der Pointe, daß etliche der Sänger auch bei der Produktion der «Pilgrime von Mekka» beschäftigt waren.

Die nun folgende zehnmonatige Arbeitszeit bis Ende Mai 1782 fiel gänzlich in die emotional sicher aufwühlendste Phase in Mozarts Leben. Verstrickt in all die Querelen, ein Werk vom Niveau der «Entführung aus dem Serail» komponiert zu haben, gibt fortwährend Anlaß zu verschiedensten Überlegungen: Daß Mozart bei der Konstanze der «Entführung» an seine Constanze denken mußte, liegt auf der Hand. Deshalb eine autobiographische Sicht aus der Oper herauslesen zu wollen, scheint mir indes zu weit zu gehen. Bei der Anlage der Rolle der Konstanze hat er, wie er selbst sagt, an die *«geläufige Gurgel»* der Star-Sängerin Cavalieri gedacht, und nicht an seine Frau, die ja gleichfalls sang. Sehr ausdrucksstark bis in Einzelheiten auf die Texte eingegangen ist der Komponist Mozart nicht nur bei Konstanze und Belmonte, sondern auch bei dem autobiographisch nicht zu entschlüsselnden Osmin. Übrigens geben die ausführlichen Briefe an den Vater gerade auch zur Gestaltung der Rolle des Osmin treffliche Hinweise (die versöhnliche Absicht, dem Vater eine Gemeinsamkeit auf fachmännischer Ebene zu signalisieren, ist offenkundig). Eher leuchtet Mozarts Wille ein, in einer prekären und entscheidenden Situation aus seinem auf dem Feld operndramatischer Kompositionen im Experimentellen verlaufenden Weg ein besonderes Werk in die Welt zu setzen. In einem hochgereizten Zustand hervorragende Leistungen zu erbringen, ist noch begreiflich, doch nur staunen kann man, wie Mozart es fertigbrachte, die Konzentration für einen weiten gestalterischen Bogen aufzubringen, den eine Opernkomposition erfordert, und zwar neben der Überbelastung als ein Tätiger im *«Clavierland»* mit allen damit verbundenen, zeitaufwendigen Bemühen, ständig in der Gesellschaft präsent zu sein, und trotz all der privaten Widrigkeiten.

Am 16. Juli 1782, knapp drei Wochen vor Mozarts Trauung mit Constanze Weber, wurde «Die Entführung aus dem Serail» im Burgtheater uraufgeführt. Das Singspiel wurde in diesem Theater bis 1788 vierunddreißigmal aufgeführt. Viel bedeutsamer aber ist, daß «Die Entführung» Mozarts erster und zeit seines Lebens einziger nachhaltiger Opernerfolg wurde – selbstverständlich weitgehend (nicht ausschließlich) im deutschsprachigen Raum. Er stellte sich zunächst langsam ein, die Premiere selbst scheint kein großer Spontanerfolg gewesen zu sein, Mozart spricht von einer *«Cabale»* und vom *«Verzischen»* eines ganzen Aufzugs. Es mag die opernüblichen Intrigen gegeben haben, doch mußte der neuartige Tiefgang in der musikalischen Gestaltung eines Singspiels für die andersgeartete Erwartung eines Publikums gewöhnungsbedürftig gewesen sein. Die ebenso treffend knappen wie aristokratisch blasiert das Kulturleben widerspiegelnden Bemerkungen des Grafen Karl Zinzendorf in seinem Tagebuch bringen einen Eindruck auf den Punkt, den vermutlich viele in der Wiener Gesellschaft mit ihm teilten: *«Le soir au Spectacle* Die Entführung aus dem Serail, *opera dont la musique est pillée de differentes autres.»* Aber diese Andersartigkeit der «Entführung» hat eine sich entfaltende Rezeptionsgeschichte nicht verhindert, sondern sie sogar gefördert. Weit über Wien hinaus wurde dieses Singspiel von der Öffentlichkeit wahrgenommen und in diversen publizistischen Formen diskutiert. Mozart hat hier etwas erreicht, was wir heutzutage Paradigmenwechsel nennen. Keiner hat das so deutlich ausgesprochen wie der um die Entwicklung des deutschen Singspiels so sehr bemühte Goethe. Er kannte das Werk (Aufführung im Herbst 1785 in Weimar). Nach Enttäuschungen mit eigenen Singspiel-Versuchen hat sich Goethe während seiner «Italienischen Reise» (1787 in Rom) grundsätzliche Gedanken über die Ästhetik des deutschen Singspiels gemacht. Resignierend erkennt er in einer vielzitierten Formulierung an: *«Alles unser Bemühen daher, uns im Einfachen und Beschränkten abzuschließen, ging verloren, als Mozart auftrat. Die Entführung aus dem Serail schlug alles nieder, und es ist auf dem Theater von unserem so sorgsam gearbeiteten Stück niemals die Rede gewesen.»* (Goethe meint sein von Philipp Johann Kayser komponiertes Stück «Scherz, List und Rache»). Aus dieser Nachhaltigkeit des Erfolges entstand in Deutschland das Bild von Mozart als Singspielkomponist, das vieles andere überlagerte. So wird es verständlich, daß später die italienischen Da Ponte-Opern erst in deutschen Singspielfassungen reüssierten und Mozarts in den 1790er Jahren enorm steigender posthumer Ruhm auch mit einem anderen Werk dieser Gattung zu tun hat, und zwar mit der deutschen Oper «Die Zauberflöte» und ihrem Erfolg.

Aber was nützte ihm dies beim Kaiser? Dessen Idee eines Nationaltheaters als «Sittenschule» der Nation kann Mozarts Sprengung der Gattung des Singspiels durch die Hereinnahme von Elementen aus anderen Musiktheaterformen nicht entsprochen haben. Die vom kaiserlichen Berater Joseph von Sonnenfels auch für das Theater geforderte Reinheit der Gattungen stand dem entgegen. In dieses Bild paßt der bekannte (wenngleich nicht authentisch überlieferte) Ausspruch des Kaisers nach der Premiere: *«Zu schön für unsere Ohren und gewaltig viel Noten, lieber Mozart!»*. Darauf soll Mozart sehr selbstsicher erwidert haben: *«Gerade so viel Noten, Eure Majestät, als nötig sind.»* Hat sich Mozart bei seiner Komposition verkalkuliert? Ja, aber nur dann, wenn er beabsichtigt haben sollte, des Kaisers Operngeschmack zu bedienen und ihn mit Anspielungen auf das damals gängige Wiener Opernrepertoire zu erfreuen (wozu auch Glucks «Pilgrime von Mekka» zählten, einem Stück, in dem es als Vorbild für den Osmin auch eine bösartig-komische Figur gibt; zudem hat diesen Derwisch derselbe Ludwig Fischer gesungen, der dann der Osmin in der «Entführung» war). Weniger vordergründig wird es Mozart wohl auch hier wie bei all seinen Opern davor darum gegangen sein, sich als musikdramatischer Experimentator zu verwirklichen. Doch auch davon abgesehen, ist die Reaktion des Kaisers nicht so einfach zu erklären, wie man meinen möchte, wenn man nur das gängige Geschichtsbild von Joseph II. als amusischen Rationalisten im Auge hat. Uninteressiert und ungebildet in Sachen Musik war er, wie schon erwähnt, durchaus nicht. Er hatte nicht nur die bei Habsburgern übliche musikalische Ausbildung als Kind und Jüngling erhalten, auch sein Musikverständnis als reifer Mann zeigt erkennbare Merkmale. Aus verschiedenen Gesprächsberichten wissen wir, daß er gerne Diskurse über Musik führte und eine besondere Wertschätzung für das Lehrwerk

«Gradus ad Parnassum» des spätbarocken Wiener Hofkapellmeisters Johann Joseph Fux empfand. Von da mag auch seine ästhetische Vorliebe für strenge Fugenkompositionen herrühren. Sie ist aber weniger ein kurioser Vorstoß eines systembedachten Rationalisten ins Musische, als sie vielmehr einer auch von vielen Fachmusikern vertretenen Wiener Tradition angehört (und sich als konservative handwerkliche Basis bis hin zu Anton Bruckner oder Arnold Schönberg auswirkt). Aber der Kaiser war auch ein Opernliebhaber. Sicherlich nahm er das Theater als Sittenschule der Nation wichtig. Nicht so recht in dieses Bild paßt aber, daß er die Gestaltung des Sprechtheaters einer einschlägigen Hofkommission überließ, dagegen aber bei der Auswahl der Opern selbst eingriff. Berichten zufolge hat er vieldiskutierte Opernpartituren selbst durchgespielt oder sich vorspielen lassen. Freilich konnte er dies nicht konsequent betreiben. Aber in einem gewissen Dilemma zwischen politischen Absichten und Musik- und Operngeschmack scheint der Kaiser gestanden zu sein. Er wollte bürgerliche Tugenden auf der Bühne sehen, aber er scheint auch raffiniert vorgebrachte Kritik an der Aristokratie goutiert zu haben. Als Kaiser förderte er das deutsche Nationaltheater, aber er liebte die italienische Oper. Wie empfindlich solch eine Struktur, die für einen Monarchen doch eine Nebensache bleiben mußte, auf Wechselfälle reagieren kann, bekam Mozart in seinen Wiener Jahren deutlich zu spüren.

Seine Ziele formulierte Mozart schon ganz zu Beginn seiner Wiener Zeit eindeutig und in uns bereits vertrauter Weise: *«Nun ist meine Haupt-absicht hier daß ich mit schöner Manier zum kaiser komme, denn ich will absolument daß er mich kennen lernen soll. – Ich möchte ihm mit lust meine opera durch-Peitschen, und dann brav fugen spillen, denn das ist seine Sache. –»* (Mit der Oper ist noch «Idomeneo» gemeint) Auf die Schnelle gelang dies nicht. Denn Mozarts Streben war vom Kaiser und dessen ganz anders gearteten Zielen und Handlungen abhängig. Zur Zeit der endgültigen Trennung Mozarts von Salzburg und des Beginns der Arbeit an der «Entführung» war Joseph II. gar nicht in Wien, sondern besuchte die österreichischen Niederlande, Holland und Paris. Für die Wintersaison 1781/82 verfolgte der Kaiser weitreichende diplomatische Pläne mit fürstlichen Besuchen in Wien, die in der Randerscheinung des kulturellen Angebots auch die Biographie Mozarts berühren sollten. Der Hintergrund war ein hochpolitischer. Joseph II. strebte bei der Zarin Katharina II. einen Bündniswechsel von Preußen zu Österreich an. Aus diesem Grund bereiste er im Sommer 1780 Rußland und traf sich mehrmals mit der Zarin; die beiden Monarchen verstanden sich sehr gut und schlossen im Jahr darauf ein Verteidigungsbündnis mit gewichtigen Folgen. Dies sollte nun in Wien auf Dauer stabilisiert werden. Aus diesem Grund lud der Kaiser den russischen Thronfolger Großfürst Paul I. und Herzog Friedrich II. August von Württemberg mit ihren Familien nach Wien ein. Dies klingt verwikkelter, als es war. Die Gattin des Großfürsten war eine Tochter des Herzogs. Deren Schwester, die zweite Württembergische Prinzessin, Elisabeth Wilhelmine, sollte Habsburgisch verheiratet werden, nämlich mit dem Sohn Leopolds von Toskana, Erzherzog Franz, der als Nachfolger Josephs II. vorgesehen war. Die beiden ausersehenen Brautleute waren damals vierzehn Jahre alt, 1788 kam es dann tatsächlich zu ihrer Vermählung in Wien. Mit dem Eintreffen der hohen Herrschaften im November 1781 begann der Kaiser, höfischen Glanz aufzubieten, seinen Gästen aber auch nützliche Neuerungen in seiner Residenzstadt vorzuführen. Mozart konnte sich wenig präsentieren. Den Kaiser beeindruckt hat aber ein bei Hofe veranstaltetes Wettspiel zwischen Mozart und dem auf Europatournee befindlichen Pianistenrivalen Muzio Clementi. Ins Zentrum des Operngeschehens rückte er jedoch Werke von Gluck («Iphigenie auf Tauris», «Alceste»), die Joseph schon 1777 in Paris bewundert hatte. Dem alten Gluck, über Querelen zuvor in Paris verärgert, wurde so eine Genugtuung zuteil. Der große Mann erwies sich jovial gegenüber Mozart, lobte dessen Musik und lud ihn wiederholt zu sich ein. Bei einem neuerlichen Besuch des russischen Großfürsten Paul im Oktober 1782 durfte Mozart in dessen Anwesenheit seine Oper «Die Entführung aus dem Serail» im Burgtheater dirigieren. Zum russischen Gesandten

Fürst Galitsin fand er guten Kontakt und trat bei Veranstaltungen in dessen Hause auf. Chancen sah Mozart, als Musiklehrer bei der jungen Württembergischen Prinzessin zu reüssieren. Aber sie führten nicht zum Ziel: «*der kayser hat es mir verdorben*» (Brief vom 5. Dezember 1781). Auch ein wiederholter Versuch im August 1782 schlug fehl. Der Kaiser wollte der Württembergischen Prinzessin, die er auch persönlich sehr schätzte, das Beste bieten, was er hatte, und das war eben sein Hofkapellmeister Antonio Salieri. Salieri war in den folgenden Jahren Mozart noch oft im Wege, aber nie umgekehrt. Von einer Rivalität im Gesellschaftsleben kann man also nicht sprechen, dazu waren die Verhältnisse zu klar. Höchstens im künstlerisch sensiblen kritischen Verfolgen der musikalischen Wege des jeweils anderen mag es sie gegeben haben. Doch auch hier verhielt sich Salieri, ähnlich wie Gluck, gegenüber Mozart souverän und jovial. So hat er es ihm auch nie erkennbar verübelt, daß er sich jenen Lorenzo da Ponte, den Salieri beim Kaiser eingeführt und als Hofpoeten nach Metastasio empfohlen hatte, zu seinem wichtigsten musikdramatischen Mitarbeiter erwählte.

Die Fürstenbesuche hatten auch private Auswirkungen. Zum Namenstag seines Vaters Leopold am 15. November 1782 plante Mozart mit seiner jungvermählten Frau nach Salzburg zu reisen und die Versöhnung mit einer persönlichen Begegnung zu besiegeln. Doch Mozart wollte seine Möglichkeiten als Künstler in der Wintersaison 1782/83 nützen. In diversen Akademien hatte er als Pianist und Komponist große Erfolge. Im März 1783 besuchte auch der Kaiser zweimal hintereinander seine Konzerte. Erst im Sommer und nach der Geburt eines ersten Kindes (das in Wien blieb und während der Abwesenheit der Eltern verstarb) reisten Constanze und Wolfgang nach Salzburg. Von Ende Juli bis Ende Oktober blieben sie dort. Constanze tauchte in das alte Leben ihres Mannes ein. Wie wir den Aufzeichnungen der Schwester Maria Anna entnehmen, müssen es Wochen mit erstaunlich intensivem Gesellschaftsleben gewesen sein. Einladungen, Runden beim Bölzelschießen oder Musizieren, Landpartien und alle in Salzburg nur verfügbaren Theateraufführungen wurden genossen. Wie es sich gehörte, kam der

Höhepunkt des Besuches am Schluß. Am 26. Oktober wurde in St. Peter die (fragmentarische, aber anderweitig vervollständigte) c-Moll-Messe mit Constanze als Sopransolistin aufgeführt. Am Tag darauf reiste das Ehepaar ab. Wenn auch alle sich bemüht hatten, den alten Zustand familiärer und geselliger Behaglichkeit wieder aufleben zu lassen, blieb es doch ein Besuch, das Gefühl, zu Hause zu sein, blieb Wien vorbehalten. Mozart sollte Salzburg nie mehr betreten und seine Schwester nie mehr wiedersehen – bei so gutem, wiedergewonnenen Einvernehmen man auch auseinanderging.

Der Respekt vor den Zurückgebliebenen und die in Wien bereits anlaufende Wintersaison hätten eine rasche Rückfahrt erwarten lassen. Aber der stets in der Gegenwart lebende Mozart genoß die Reisestationen und vor allem das gesellschaftliche Angebot, als Gast im Hause von Johann Joseph Anton Graf Thun-Hohenstein in Linz. Der Graf war Großmeister der Provinzial-Loge von Böhmen. Mozarts bald intensiver Kontakt zur Freimaurerei deutet sich hier an. Doch nach außen hin ging es primär um eine Akademie, die Mozart im Linzer Theater gab und ihn in Nöte brachte *«weil ich keine einzige Simphonie bey mir habe, so schreibe ich über hals und kopf an einer Neuen»*. Die «Linzer Sinfonie» KV 425 ist demnach unter höchstem Zeitdruck in wenigen Tagen entstanden. Ende November war man wieder in Wien und zugleich mitten in einem alten Opernproblem. Denn beim Kaiser verflog der Enthusiasmus für das deutsche Nationaltheater, auch jener für Gluck verlor seine Intensität, stattdessen hatte er schon im Frühjahr 1783 die italienische Oper im Burgtheater wieder eingeführt. Zur Eröffnung wurde Antonio Salieris «La scuola de' gelosi» aufgeführt. Der Oper von Salieri folgten andere von damals führenden italienischen Komponisten wie Domenico Cimarosa, Giuseppe Sarti oder Giovanni Paisiello. Mozart mußte handeln und war eine Zeitlang unschlüssig, auf welches Genre er seine Hoffnungen setzen sollte. Mit dem deutschen Singspiel hatte er doch eben erst großen Erfolg gehabt. Schon im Februar hatte er sich mit einer deutschen Version von Carlo Goldonis «Il servitore di due patroni» befaßt. Das Jahr über komponierte er etliche Einlage-Arien für italienische Opern anderer Komponisten, um so Aufmerksamkeit in diesem Fach auf sich zu lenken. Eigene Opernkompositionen blieben Fragment. Dies gilt etwa für «L'oca del Cairo», ein Stück, das er nolens volens mit seinem alten «Idomeneo»-Librettisten Giovanni Battista Varesco während seines Salzburg-Aufenthalts voranzubringen suchte, und ferner für die Opera buffa «Lo sposo deluso» eines unbekanntes Textdichters.

Auch bereits im Frühjahr 1783 hatte Mozart Kontakt mit Lorenzo da Ponte, der aber als Wiener Einstiegswerk an einem Libretto für Salieri saß, was Mozart besonders ärgerte. Nun, gegen Ende des Jahres war Mozart wieder mit Plänen zu einem deutschen Singspiel befaßt. Obwohl Mozart immerfort an Opernprojekte dachte, blieben die beiden folgenden Jahren ‹opernlos›. Das Dilemma zwischen deutscher und italienischer Oper (vielleicht auch die künstlerische Rivalität zwischen Mozart und Salieri) brachte der Kaiser selbst auf den Punkt und bündelte sie zu einem heiteren Ereignis. Anfang Februar 1786, also im Fasching, veranstaltete er zu Ehren des in Wien weilenden Generalgouverneurs der Niederlande und zum Amusement der höfischen Gesellschaft ein Theater auf dem Theater. In zwei aufeinander zu spielenden Kurzopern, einer italienischen von Salieri und einer deutschen von Mozart sollten die üblichen Aufregungen der Theaterleute zur Komödie werden. Als Librettisten griff Mozart wieder auf Gottlieb Stephani d. J. zurück. Von Bedeutung sind beide Werkchen nicht. Seine Lösung des Konfliktpotentials hatte Mozart aber zur gleichen Zeit bereits in einem Meisterwerk, «Le nozze di Figaro» gefunden.

Sein öffentlicher Tätigkeitsdrang konzentrierte sich auf andere, nicht neue Felder. Mozart war 1784 und 1785 überaus erfolgreich und als eine faszinierende Gestalt im Wiener Musikleben voll etabliert. Er hat auch kaum je zuvor oder danach so gut verdient. Für seine guten wirtschaftlichen Verhältnisse spricht auch – bei der ständigen Umsiedelei – die Wahl von schönen und teuren Wohnungen in der Innenstadt. Woher das viele Geld kam, läßt sich einigermaßen verläßlich sagen: eben nicht von Opernproduktionen, auch kaum von der Veröffentlichung klavier- und kammermusikalischer Werke, schon eher von seiner intensiven Lehrtätigkeit, vor allem aber von den vielen selbst- oder mitveranstalteten Konzerten. Allein in der Fastenzeit 1784 trat Mozart innerhalb von sechs Wochen bei nicht weniger als 22 Konzerten auf. Dies ist freilich ein Extremfall. Aus den Subskriptionslisten seiner Akademien hat man Statistiken erstellt, die einen Einblick in die Gesellschaftsstruktur seines Publikums erlauben. Die Subskribenten waren zu vier Fünftel männlichen Geschlechts, zur Hälfte Angehörige der Hocharistokratie (Mitglieder von Grafen- und Fürstenhäusern), die andere Hälfte bestand überwiegend aus Angehörigen des Klein- und Finanzadels und aus Hofbeamten verschiedener Chargen, aber nur zu einem verschwindend geringen Teil aus hofunabhängigen Bürgerlichen. Mozart spielte also vor Wiens bester Gesellschaft, die auch die entsprechenden Eintrittsgelder zu bezahlen bereit war. Nicht alle seine Auftritte erfolgten im großen Rahmen etwa der Akademien im Burgtheater; er wirkte auch bei kleiner dimensionierten Veranstaltungen mit, so etwa im Saal des von ihm auch bewohnten Trattnerhofes. Die Gattung, mit der er als Komponist und Pianist zur anerkannten Attraktion wurde, war naturgemäß das Klavierkonzert. Allein im Frühjahr 1784 hat er fünf Klavierkonzerte und im Herbst weitere zwei komponiert. Für den dieser Gattung zuerkannten Rang und für sein Empfinden, nun saturiert zu sein, hat es Symbolcharakter, daß Mozart im Februar 1784 mit dem Eintrag seines Es-Dur-Klavierkonzerts KV 449 ein von diesem Zeitpunkt an geführtes *«Verzeichnüss aller meiner Werke»* eröffnete. Für ein erreichtes Selbstwertgefühl, es sei nun in Wien alles so richtig für ihn, spricht auch der Umstand, daß Mozart nicht wie in seiner Jugend und noch wenige Jahre zuvor den Drang spürte, auf Reisen zu gehen, so wie dies andere Komponisten taten, die zeitweilig in Wien erschienen und wieder verschwanden. Er blieb auch ohne feste Stellung stabil.

Musikerglück und Fortune eines Regenten haben nur äußerlich miteinander zu tun. Aber solch eine Äußerlichkeit kann doch stimulierend sein, auch für das Publikum. Nachdem Joseph II. Papst Pius VI. 1782 bei dessen Besuch in Wien nicht nachgab und auch sonst von außen wenig bedrängt sein Reformwerk im Inneren voranbringen konnte, steigerte sich bei den Nutznießern der Entwicklung in der Metropole eine Grundstimmung aufklärerischer Liberalität. Mozart mit seinem wachen Geist fühlte sich als ein Element in diesem Gewebe. Ein personales Sammelbecken dieses ethischen Aufbruches war die zu dieser Zeit vom Kaiser noch geförderte Freimaurerei. Mozart war schon zuvor gelegentlich mit Freimaurern in Kontakt gekommen, aber erst jetzt, genau am 14. Dezember 1784, trat er der Loge «Zur Wohltätigkeit» bei und wurde binnen weniger Wochen vom «Lehrling» zum «Gesellen» graduiert. So allgemein betrachtet, hat all dies mit Stil und Qualität seiner damals entstandenen Instrumentalwerke nicht offensichtlich zu tun. Auf verwickelteren Wegen aber mag eine Beziehung zwischen einem Menschenbild in Balance zwischen liberaler Individualität und doch gesetztem gesellschaftlichen Rahmen hier und mit der Individualisierung von Stimmen und Klanggruppen innerhalb des musikalischen Gewebes und mit der Dramatisierung des musikalischen Zeitverlaufes unter Gattungsvorgaben dort vielleicht bestanden haben. Aber das eine entsteht nicht aus dem anderen. Vielmehr ergab sich für Mozarts kompositorischen Erkundungsdrang eine nicht bloß äußerlich institutionell günstige Atmosphäre. Die künstlerische Liberalität, zu der es ihn drängte, war eine des ‹inneren Diskurses› der musikalischen und theatralischen Gattungen, ohne dabei deren Rahmenfunktion aufzugeben. Die viel bewunderte Wechselbeziehung zwischen den Klavierkonzerten und den da Ponte-Opern in dieser Zeit bildet nur eine Station innerhalb einer von Mozart längst schon verfolgten kompositorischen Tendenz. Hier entstand eine sublime und kühne musikalische Welt, die losgelöst von der Attraktion des Pianisten Mozart nicht jedermann verstand. Um so wichtiger war für ihn, die gesellschaftliche Etablierung, auch Respekt und Kollegialität von Musikern hohen Ranges, wie sie seinerzeit in Salzburg einfach nicht vorhanden waren, zu erfahren. Solche anerkannten Künstler waren Gluck und auch Salieri – mag Mozart auch ihrer Höflichkeit mißtraut haben – ferner Musiker, mit denen er im Kreis um van Swieten zusammenarbeitete. Aber diese gesellschaftliche Etablierung wies noch weitere Facetten auf: das ihm von Jugend an vertraute, aber nun an einem Ort konzentrierte Kennenlernen von Zelebritäten in Salons der Hautevolee, die Möglichkeit, mit hervorragenden Musikern ganz unterschiedlicher Sparten gemeinsam Konzerte veranstalten zu können, und – vielleicht am wichtigsten – der sich intensivierende Kontakt mit Joseph Haydn. In einer ihm gewidmeten und in Druck gebrachten Serie von Streichquartetten nennt Mozart ihn in der Vorrede *«Padre»*, *«Guida»* und *«Amico mio»*. Diese Beziehung erscheint am wichtigsten deshalb, weil Mozart in Haydn als dem damals wohl führenden Komponisten in Europa einen Partner gefunden hatte, der auch ihn ernst nahm, weil dieser ein feines Gespür für das Niveau seines künstlerischen Schaffens hatte. Ihre Diskurse über Jahre hin fanden in Gesprächen, in der Form des gemeinsamen Musizierens und, was besonders befruchtend war, des Komponierens statt. Es entstand zwischen ihren Werken das, was man heute «Intertextualität» nennt, und dem nachzuspüren ein sublimes Vergnügen für jeden Kenner ist. Das meint auch Haydns berühmter Ausspruch gegenüber Leopold Mozart, dessen Sohn sei *«der größte Componist, den ich von Person und den Nahmen nach kenne: er hat geschmack, und über das die größte Compositionswissenschaft»*. Ein Unterschied zu Haydns Selbstverständnis als Komponist scheint in Mozarts Fixierung auf Wien in dieser Zeit auf: Während jener um Kompositionsaufträge und Aufführungen im Ausland bemüht war und sie offensichtlich genoß, tat Mozart vorderhand nichts dergleichen.

Gefestigt fühlte sich Mozart nicht zuletzt in seinen familiären Verhältnissen. Im September 1784 wird den Mozarts ein weiterer Sohn geboren; Carl Thomas überlebte die damals für jeden Säugling so schwierigen ersten Monate. Zuvor im Sommer heiratete Mozarts Schwester Maria Anna in St. Gilgen den wohlsaturierten, wenngleich erheblich älteren Pfleger Johann Baptist Berchtold zu Sonnenburg. Wolfgang schrieb ihr als eheerfahrener Bruder ein liebevoll anzügliches und auch selbstironisches Gedicht aus seinem *Poetischen Hirnkasten*. Von besonderer Wichtigkeit aber waren die Schritte, die er zur Beruhigung des Vaters unternahm. Die im Jahr zuvor in Salzburg erreichte Versöhnung wollte gepflegt sein. Im Sommer 1784 schlug er dem Vater sogar vor, ganz nach Wien zu übersiedeln, und bat seine Schwester, jenen dazu zu bewegen. Durch deren Verehelichung drohte Leopold Mozart ja eine Vereinsamung in seinem schönen großen Haus. Um dies zu vermeiden, raffte er sich auf und folgte einer Einladung seines Sohnes. Zu Fasching 1785 besuchte er sein geliebtes München und reiste von dort nach Wien. Gegen Mitte Februar trifft er dort ein und bleibt zweieinhalb Monate bei seinem Sohn. Seiner neugierigen Tochter kann er beruhigende Nachrichten schreiben: *«ein schönes quartier mit aller zum Hauß gehörigen Auszierung»* – *«Das Geld ist sicher da, die Hauswirtschaft ist, was Essen und Trinken betrifft, in höchsten Grad ökonomisch»*. Der stets skeptische Vater ließ sich zumindest zeitweise von der Konsolidierung der Verhältnisse seines Sohnes überzeugen und auch in den Strudel des Mozartschen Gesellschafts- und Konzertlebens hineinziehen. Sogar mit Cäcilie Weber zu soupieren war er bereit. Er bewirbt sich um die Aufnahme in die Loge «Zur Wohltätigkeit», genießt die große Welt und vielleicht am meisten das gemeinsame Musizieren mit seinem Sohn anläßlich gesellschaftlicher Einladungen. Es ist nachzulesen, wie tief beglückt er als Zuhörer bei Konzerten Wolfgangs war. Von einem besonderen Erlebnis bei der Aufführung eines Klavierkonzerts (vermutlich KV 456) schrieb er, er habe *«das Vergnügen»*, gehabt, *«alle Abwechslungen der Instrumente so vortrefflich zu hören, daß mir vor Vergnügen die thränen in den augen standen»* – und dann ganz stolzer Vater: *«als Dein Bruder weggieng machte ihm der kayser mit dem Hut in der Hand ein compl: hinab und schrie* bravo Mozart» (Brief vom 16. Februar 1785).

Man könnte Seiten füllen, die dokumentarisch nachweisbaren gesellschaftlichen Anlässe und die Namen der Persönlichkeiten, mit denen Leopold Mozart zusammentraf, aufzulisten. Langsam wurde es dem älteren Herrn aber zuviel; auch begann die Salzburger Hofkammer – nun auch bei ihm – zu drohen, die Besoldung einzustellen, wenn er nicht bis Mitte Mai wieder seinen Dienst anträte. Am 25. April reiste er ab, Constanze und Wolfgang begleiteten ihn bis Purkersdorf, wo man noch zu Mittag aß und sich dann trennte. Vater und Sohn sollten sich nicht mehr wiedersehen. Leopold Mozart aber fuhr mit seinem Reisebegleiter Heinrich Marchand nicht schnurstracks nach Salzburg, sondern auf Umwegen über Linz und München, wo sich Leopold weidlich dem Gesellschaftsleben und dem Hochgefühl, bekannt zu sein, hingab.

Mozart arbeitete indes an der Lösung seines persönlichen Opern-Dilemmas, was ihm mit dem «Figaro» gelingen sollte. Daß es zu dieser Oper überhaupt kommen konnte, hat leicht nachvollziehbare Voraussetzungen. Der vom Kaiser geschätzte Lorenzo da Ponte arbeitete zunächst selbstverständlich mit dem Hofkapellmeister zusammen. Doch die Oper «Un ricco d'un giorno» hatte wenig Erfolg. Salieri gab die Schuld da Ponte und wandte sich dessen Rivalen Giambattista Casti zu. Da Ponte war also nun frei für Mozart. Die andere Voraussetzung war die Popularität von Paisiellos Oper «Il barbiere di Siviglia» in Wien. Was lag näher, als die Fortsetzung der Handlung auf die Opernbühne zu bringen.

Wir können es konkret nicht nachvollziehen, müssen aber anerkennen, daß ein damaliger Wiener Opernfreund ein neues Stück in Ereigniszusammenhängen genoß und beurteilte. Er verglich (wie wir heute Regiekonzepte oder Dirigate eines Stücks vergleichen) Stück mit Stück und wollte zudem von Librettisten und Komponisten durch geistvolle Anspielungen angeregt werden (die Opernzitate in der Bühnenmusik am Beginn des zweiten Finales von «Don Giovanni» bieten ein Beispiel dafür). Der «Figaro» knüpft aber nicht nur an die Handlung des «Barbier» unmittelbar an, sondern enthält auch eine Reihe typischer Handlungselemente, die in zuvor in Wien aufgeführten italienischen Opern gleichfalls zu finden waren – so etwa die Verliebtheit eines Grafen in ein einfaches Mädchen, die Meinungsverschiedenheit zwischen einem Grafen und seiner Gattin, welche Dienerin welchen Diener heiraten dürfe, oder den Machtmißbrauch eines Grafen, um die Hochzeit eines Dieners zu verhindern. Wenn man im 20. Jahrhundert den «Figaro» vor allem als *«Zeitoper»* (Kurt Weill), also als ein aktuelles gesellschaftskritisches Stück sah, so müßte solch ein Urteil auf viele weitere Opere buffe ausgeweitet werden, wobei man sich dann allerdings fragt, wie weit die damalige Hocharistokratie die Kritik an ihrem Stand hochherrschaftlich genoß – oder nicht. Ein Klischee ist die zumindest überspitzte, wenn nicht falsche Ansicht, Mozart habe sich mit dem «Figaro» bei Hofe und bei der Aristokratie unmöglich gemacht, was seinen sukzessiven Abstieg während der folgenden Jahre erkläre. Dazu einige Bemerkungen zum historischen Umfeld: Beaumarchais' «Le mariage de Figaro» war ein Skandalstück; Ludwig XVI. hatte die Aufführung verbieten lassen, doch September 1783 kam es gleichwohl zu einer französischen Privataufführung (durch einen Hocharistokraten auf dessen Schloß veranstaltet!). Die politische Brisanz des Stückes machte neugierig, so auch in Wien. In deutscher Übersetzung wollte man es am Kärntnertortheater aufführen. Der Kaiser wußte, daß *«dieses Stück viel Anstößiges enthält»* und wies den Zensor an, es entweder zu *«verwerfen»* oder *«... solche Veränderungen ... veranlasse[n] ..., daß er für die Vorstellung dieser Piece ... haften werde können»* (Brief an Graf Johann Anton von Pergen vom 31. Januar 1785). Zu dieser Aufführung kam es zwar nicht, aber genau die vom Kaiser geforderten politischen Entschärfungen nahm da Ponte in seinem Libretto für Mozart vor. Damit war die Brisanz gemildert und dem Gattungsverständnis einer Opera buffa angenähert. Vermutlich liegt darin der wenig spektakuläre Grund dafür, daß die Erstaufführung von «Le nozze di Figaro» am 1. Mai 1786 im Burgtheater keine Sensation machte. Während andere Theaterereignisse in der Broschürenflut heftig diskutiert wurden, wurde der «Figaro» weitgehend übergangen. Der «Figaro» fiel bei den ersten Aufführungen nicht durch, aber er brachte einen zunächst nur mäßigen Erfolg. Sicherlich hatte bereits das Libretto Ungewöhnlichkeiten, so verdoppelte da Ponte die übliche Zweiaktigkeit zu einer vieraktigen Oper (allerdings hatte Salieri kurz zuvor eine dreiaktige Oper «La fiera di Venezia» auf die Bühne des Burgtheater gebracht). Die Sozialkritik war in Paisiellos «Il ré Teodoro» ungleich schärfer als im «Figaro». Die eigentliche Brisanz und Innovation brachte freilich Mozarts Musik in das Stück. Wir begeistern uns stets aufs Neue an ihrer Lebendigkeit, und die Mozartforschung wird zu Recht nicht müde, Mozarts Gestaltung der Aktfinali musikanalytisch zu interpretieren. Ein damaliger Premierenbesucher war wohl schlicht überfordert. Seine Erwartungshaltung war noch nicht so sehr auf Qualitäten der musikalischen Komposition als dominante Faktoren, eher auf deren Funktionalität für das kulturelle Ereignis Oper insgesamt gerichtet.

Zu sagen, Mozart sei eben seiner Zeit voraus gewesen, hat in seiner Teleologie etwas Euphemistisches. Denn im mangelnden großen Erfolg des «Figaro» äußert sich Mozarts altes Dilemma, eine von ihm durchaus angestrebte Balance zwischen seiner Lust an musikalischer Phantasie einerseits zu finden und andererseits sein Werk dem gesellschaftlichen Ort einer musikalischen Gattung entsprechend publikumsverträglich zu gestalten. Gerade zur Zeit, als Mozart einen Höhepunkt an öffentlicher Attraktivität in Wien erlangt hatte, wurden auch kritische Stimmen gegenüber seiner neuen Kammermusik laut. Klavierkammermusik und das nun modisch gewordene Streichquartett waren zunächst einmal Gattungen für den häuslichen Gebrauch, doch kaum Konzertstücke; sie sollten vielmehr den Fähigkeiten eines guten Dilettanten angepaßt sein. Was man bei Joseph Haydn, nicht zuletzt aufgrund seiner Berühmtheit, noch für akzeptabel halten mochte, wurde in Kompositionen Mozarts wohl für genial, aber doch als übertrieben empfunden. Dies galt selbst für jene Streichquartette, die Mozart – werbewirksam Joseph Haydn gewidmet – in Druck gab. In Carl Friedrich Cramers «Magazin der Musik» wird ein *«künstlicher und wirklich schöner Satz»* anerkannt, aber in diesem *«versteige sich»* Mozart *«zu hoch»*; alles sei *«doch wohl zu stark gewürzt – und welcher Gaumen kann das lange aushalten»*. Dennoch hat Mozart im «Figaro» und in den «Haydn»-Quartetten seine Lösungen von Gattungsproblemen gefunden. Das, was ihn trieb, seine Musik in ein Spannungsverhältnis zur konventionellen Erwartung zu setzen, läßt sich nachträglich aus der Sicht des Idealismus und mit Worten des Philosophen Hegel als Mozarts Gelingen formulieren, *«als freies Subjekt der Außenwelt ihre spröde Fremdheit zu nehmen»*. Aber gerade in dieser Phase seines

Lebens war er ein glücklicher Mitspieler in einer Gesellschaft, die sich von seinen Werken auch herausfordern lassen wollte. Etwas Hochgespanntes hatte dieser historische Zustand insgesamt.

Solche Phasen der Brisanz sind weder in einer Gesellschaft noch in einem individuellen Leben auf Dauer zu halten. Der Klimax folgte recht bald die Peripetie. Ein sehr bezeichnendes Beispiel dafür bietet die Geschichte der Freimaurerei. In ganz Österreich nahm die Zahl der Logen und damit der Mitglieder stark zu. Ihre intellektuelle Substanz war aber in der Wiener Eliteloge «Zur wahren Eintracht» fokussiert. Deren Meister vom Stuhl war der bedeutende und einflußreiche Gelehrte (Organisator des kaiserlichen Naturalienkabinetts und Hofrat für das Münz- und Bergwesen) Ignaz Freiherr von Born. Sein Ziel war es, in der Loge eine Art Akademie der Wissenschaften entstehen zu lassen. Bei einer großen Feier ihm zu Ehren Ende April 1785 wurde Mozarts Kantate «Die Maurerfreude» KV 471 aufgeführt. Mozart hatte auch darüber hinaus einigen Kontakt mit Born (dessen Loge er aber nicht angehörte). Die große Verbreitung und die Kontakte der Logen ins Ausland (besonders nach Preußen) beunruhigten den Kaiser. Zur Jahreswende 1785/86 erließ er das Freimaurerpatent, das große Einschränkungen und Kontrolle bedeutete und von der Beamtenschaft, wie andere Patente auch, rigoros umgesetzt wurde. Daneben mehrten sich aber auch Zwistigkeiten im Inneren, die Ignaz von Born mitveranlaßt haben mögen, seine hochfahrenden Pläne aufzugeben und sich aus der Logenarbeit zurückzuziehen. 1789 gab es nur mehr eine Loge in Wien, die «Zur gekrönten Hoffnung», der Mozart angehörte.

Mozart suchte eine derartige Depression mit seinem euphorischen Künstlerleben zu überwölben. Zu Hilfe kam ihm da ein unerwartetes neues Erlebnis. Der in Wien eher mäßige Erfolg des «Figaro» wurde in Prag zu einem glänzenden. 1786 wurde die Oper immer wieder aufgeführt und verbesserte die wirtschaftlichen Verhältnisse der Bondinischen Operngesellschaft wesentlich. Die italienische Oper war seit Jahrzehnten in Prag eingeführt und kontinuierlich gepflegt worden. Hinzu kam eine allgemein positive Atmosphäre. Kaiser Joseph II. war den reichen böhmischen Ländern in besonderer Weise zugetan; er förderte das Kulturleben, so auch die entstehende tschechische Nationalliteratur. Es war noch nicht die Zeit eines engherzigen Nationalismus. Ein Kreis von Musikliebhabern lud Mozart Anfang 1787 nach Prag ein und brachte ein Huldigungsgedicht auf ihn in Druck (das Mozart beglückt seinem Vater nach Salzburg schickte). Er reagierte prompt und begab sich mit seiner Frau, seinem Diener und weiteren Musikerfreunden auf die Reise. Am 11. Januar 1787 traf die neunköpfige Reisegesellschaft in Prag ein, Mozart nahm auf dessen Einladung hin Logis im Palais des Grafen Thun-Hohenstein. Gleich am nächsten Abend wurde ein Ball besucht, und eingetaucht in die Seligkeit des Gesellschaftstrubels hörte er dort ständig Melodien aus seinem «Figaro», die in *«lauter Contretänze und teutsche verwandelt»* waren, wie er seinem Freund Gottfried von Jacquin nach Wien schrieb und hinzufügte, in Prag *«wird von nichts gesprochen als vom – figaro; nichts gespielt, geblasen, gesungen und gepfiffen als – figaro; keine Opera besucht als – figaro und Ewig figaro»* (Brief vom 15.1.1787). Nun war der Meister da, und ganz Prag drehte sich um ihn, so hat es Mozart wohl empfunden. Er wurde herumgereicht, konzertierte, reagierte als Komponist auf das Geschehen um ihn und führte auch seine D-Dur-, die sogenannte «Prager»-, Sinfonie KV 504 erstmals auf. Jene Anklänge an die spätere «Don Giovanni»-Musik, die wir herauszuhören meinen, erhielten umgehend eine reale Basis. Denn der mit «Figaro» so erfolgreiche Impresario Pasquale Bondini bot Mozart – selbstverständlich – an, für die nächste Herbstsaison eine neue Oper zu komponieren. Es kam umgehend zum Kontrakt. Nun gut vertraut mit den Prager Theaterverhältnissen und mit der Gewißheit, bald wieder hier sein zu können, reisten die Mozarts nach einem Monat wieder nach Wien zurück. Es galt den nächsten Schritt in der Zusammenarbeit mit Lorenzo da Ponte zu setzen.

In diese prolongierte Hochstimmung hinein trat als drohende Irritation die Sorge um den Vater. Zunächst noch war alles gut. Leopold Mozart besuchte im Februar einmal mehr den Münchener Fasching. Nach Salzburg heimgekehrt, erhielt er von seinem Sohn gelenkt einen englischen Besuch; es kamen die Sängerin der Susanna Nancy Storace, deren Bruder und Mutter, ferner der Sänger Michael O'Kelly und der Kompositionsschüler Mozarts Thomas Attwood. Sie befanden sich auf der Rückreise von Wien nach London (Attwood wollte dort die Möglichkeit eines Opernkontrakts oder eines Subskriptionskonzerts für Mozart erkunden). Das verlief alles sehr schön, aber Mitte März erkrankte Leopold Mozart ernsthaft; seine Tochter pflegte ihn in Salzburg bis Anfang Mai. Wolfgang war überaus aktiv und hatte den Kopf voller Pläne. Auch mit dem Gedanken an eine Englandreise spielte er nun schon etwas ernsthafter (er nahm englischen Sprachunterricht), zumal Joseph Haydn gerade Verhandlungen mit einem englischen Impresario führte.

Wie verhielt sich Mozart in dieser sich auftuenden psychischen Spannungssituation? Dies ist natürlich ein Reizthema für alle selbsternannten ‹psychoanalytischen› Entschlüssler Mozarts. Es sei aber nicht verschwiegen, daß für jedermann die inhaltliche Diskrepanz zwischen schlichten Fakten merkwürdig erscheint: Am 4. April schreibt Mozart seinen letzten Brief an den Vater, in dem er in berührender Weise vom Tod als *«wahren Endzweck unsers lebens»* und seinem *«wahren, besten freunde»* spricht (das Autograph ist nicht erhalten!). Mozart trifft indes keinerlei Anstalten, seinen Vater zu besuchen oder auch nur am Begräbnis des am 28. Mai verstorbenen Leopold Mozart teilzunehmen. In einem recht geschäftsmäßig und wenig anteilnehmend klingenden Brief an seine Schwester vom 2. Juni erklärt sich Mozart mit einer *«öffentlichen feilbietung»* des Nachlasses einverstanden. Am 14. Juni trägt er in sein Werkverzeichnis die Komposition «Ein musikalischer Spaß» KV 522 ein (den er, zu unserer Beruhigung, überwiegend schon deutlich früher komponiert hatte). Zudem verfaßt er eine – auf den 4. Juni datierte – sehr selbstironische Elegie auf einen toten Star (*«Hier ruht ein lieber Narr, / Ein Vogel Staar.»*), und am 1. Oktober reisen die Mozarts nach Prag ab (ihren dreijährigen Sohn Carl lassen sie in einer Wiener Erziehungsanstalt zurück).

Ich will mich nicht auf Spekulationen einlassen, ob Mozart den Tod seines Vaters, gewissermaßen verdrängend, überspielte, ob er nur schweigend die Betroffenheit und handlungsunfähig den Verlust ertragen konnte oder ihn nur camouflierend zu artikulieren vermochte. Es bleibt das Faktum einer wahrnehmbaren äußeren Distanz zum traurigen Geschehen. Was sich im Innern Mozarts abspielte und diesen Ausdruck fand, werden wir nie erfahren. Klar scheint mir aber, wie immer man dies bewerten mag, daß ihn die Arbeit und das Ziel der Aufführung des «Don Giovanni» über alles andere Geschehen hinwegtrug und ihn, zumindest äußerlich, wieder in seiner Künstlerseligkeit landen ließ.

Der Mozart geläufige Zustand höchster Aufregung in den Wochen vor Abschluß einer Opernarbeit und der Erfolg der mit 29. Oktober beginnenden ersten Aufführungsserie werden ihm kaum Zeit gelassen haben, ins Grübeln zu kommen. Eine andere Frage ist es, ob die Komposition selbst etwas von einem Bewältigungsversuch an sich habe. Obgleich dieses Konstrukt sich in Literatur und Film als sehr wirkungsvoll erwies, muß man nicht gleich soweit gehen, im Komtur Leopold und in Don Giovanni Wolfgang Amadeus Mozart zu entdecken. Ohne Zweifel aber erscheinen in dieser Oper die Erwartungen an eine Opera buffa (an ein Dramma giocoso) verschoben. Die Lessingsche Spiegeldramatik ist auf die Spitze getrieben, Don Giovanni als Protagonist ist omnipräsent, wenn auch stets in seinem Reagieren auf andere oder im Spiegel der Äußerungen anderer über ihn; doch hat er keine einzige große Arie. Das Furioso der Lebensfreude in der sogenannten Champagner-Arie ist nur ein momenthafter Kontrapunkt zu dem Zustand, in dem sich der strahlende Verführer während der ganzen Opernhandlung befindet: Don Giovanni ist bei allem, was er unternimmt, stets der Verlierer, stets auf der Flucht. Dennoch ist er keine Karikatur seines Anspruchs. Da Ponte und Mozart haben die moralische Komponente im Don Juan-Stoff viel stärker betont, als dies andere Dramatiker seit dem 17. Jahrhundert taten. Dies kommt bereits in der Wahl des durchaus ungewöhnlichen Titels «Il dissoluto punito ossia il Don Giovanni» zum Tragen. Das göttliche Strafgericht in der Höllenfahrt des Don Giovanni durchbricht alle früheren Doppelbödigkeiten. Doch folgt darauf eine heitere «scena ultima», in der sich die Übriggebliebenen jeder in seiner Weise vom Ereignis Don Giovanni zu distanzieren suchen. Dieses kontrastierende Umblenden vom Ernst zum Heiteren widerstrebte dem Publikum von Anfang an (wenngleich man eine gewisse Mischung von seria- und buffa-Elementen damals bereits gewohnt war). Mozart war dieses Finale wichtig, sonst hätte er nicht bei der Wiener Erstaufführung im Mai 1788 durch Kürzungen das Schlußsextett zu retten versucht. Danach verschwand es ein Jahrhundert lang von den Bühnen. Die Vorgehensweise Mozarts und Da Pontes fordert immer wieder von neuem zu tiefgründigen Interpretationen heraus. Voraussetzungslos war sie aber nicht. Ob bewußt oder nicht, folgten beide der alten Tradition einer spanischen und portugiesischen «Comedia», in der die Mischung von Komödie und Tragödie gattungsimmanent war. Die Intensität ihrer musikalischen Umsetzung durch Mozart bedeutet eine Sternstunde der Menschheit; an ihr teilgehabt zu haben, erkannte der alte Da Ponte in seiner im fernen New York geschriebenen Autobiographie.

Als die Mozarts sich auf der Heimreise nach Wien befanden, starb am 15. November Christoph Willibald Gluck. Drei Wochen später ernannte Kaiser Joseph II. Mozart zum Kammerkompositeur als Nachfolger Glucks (mit einem Gehalt von 800 Gulden). Ein ehrenvolles Amt, wenn auch nicht das, was sich Mozart erträumt hatte. Doch auch darüber hinaus stellt sich Mozarts Position als Komponist günstig dar. Neben der «Entführung» wurden auch «Figaro» und «Don Giovanni» im deutschsprachigen Raum mehr und mehr, allerdings meist in deutschen Versionen angenommen (kaum allerdings in Italien). In Londoner Konzertprogrammen erscheinen Sinfonien und «overtures» schon recht häufig. In Wien allerdings wurde der «Don Giovanni» zu einem nur mittleren Erfolg. Bezeichnend für die Einschätzung selbst Wohlmeinender ist das knappe Urteil Josephs II., das er seinem Theaterintendanten Graf Rosenberg-Orsini schrieb: *«La Musique de Mozard est bien trop difficile pour le chant.»*

Neue Opernaufträge ergaben sich nicht unmittelbar, nicht einmal in Prag, und auch die Zahl von Mozarts Konzertauftritten ging deutlich zurück. Es schlich sich etwas ein, was Mozarts Künstlereuphorie trotz ihrer gerade erreichten höfischen Absicherung an ihrer Basis zu verletzen drohte. Es war nicht Überdruß der Wiener Gesellschaft an der Attraktion des Pianisten und Komponisten Mozart; man war sie freilich schon sehr gewohnt, was zu allen Zeiten nachlässig macht. Aber der entscheidende, wenn auch im einzelnen oft schwer greifbare Grund lag im Wandel der Atmosphäre in Wien, an der politischen Großwetterlage.

Kaiser Josephs II. Wirken hatte auf den Gebieten der Schulbildung, der Wissenschaft und des Gesundheitswesens bleibende Fortschritte gezeitigt; jene in der Wirtschafts-, Steuer- und Kirchenpolitik waren von zweifelhafterem Nutzen, und sie verletzten vor allem tiefverwurzelte Gewohnheiten bei den Untertanen. Als gefährlich erwies sich des Kaisers Geringschätzung der ständischen Institution. 1787 begannen in Belgien Aufstände gegen die zentralistischen Bestrebungen. Obwohl dadurch in seiner Handlungsfreiheit eingeschränkt, begab sich der Kaiser 1787 auf eine zweite Reise nach Rußland zur Zarin Katharina II. Das Osmanische Reich fühlte sich zunehmend eingekreist und erklärte Rußland den Krieg, mit dem sich Joseph II. Ende des Jahres trotz aller anderen Schwierigkeiten in einer Kriegserklärung seinerseits verbündete. So begann zum Überdruß aller ein wenig glücklich verlaufender Türkenkrieg. All dies zog Kräfte, Mittel und auch Interesse vom Kulturleben der Metropole ab. Ungünstig mußte sich auch auswirken, daß der Kaiser die meiste Zeit des Jahres 1788 abwesend war. Er kehrte erst gegen Ende des Jahres krank aus dem Feld nach Wien zurück (dennoch besuchte er kurz danach eine Aufführung des «Don Giovanni»).

Mozart suchte sich durchaus umzuorientieren. Als Hofkomponist hatte er Tanzmusik für die Bälle im Redoutensaal zu komponieren, jedenfalls breitenwirksame Musik. Er versuchte auch, bei Verlegern Werke in weniger anspruchsvollen Gattungen – Klaviermusik «für junge Spieler», Lieder etc. – zu positionieren. Der Druck anspruchsvollerer Kammermusik, wie die von drei Streichquintetten, fand nicht genügend Subskribenten. Der Plan, ähnlich wie Jahre zuvor Akademien *«im Casino»* zu veranstalten, ließ sich nicht verwirklichen. Die früher so erfolgreichen Subskriptionskonzerte fanden wenig Interesse (*«ich habe 14 Tage eine Liste herumgeschickt, und da steht der einzige Name* Swieten*!»*, Brief vom 12. Juli 1789). Auch die Lehrtätigkeit florierte nicht mehr so wie zuvor. Mit einem Wort, die wirklich einträglichen Musikergeschäfte ließen deutlich nach. Hinzu kamen Sorgen und finanzielle Belastungen durch die während ihrer häufigen Schwangerschaften kränkelnden Constanze. Die Einnahmen gingen zurück, aber ein fixes Gehalt von 800 Gulden jährlich wurde hinzugewonnen. Ungeachtet dessen kamen etwa im Jahre 1787 zumindest – nachweisbare – beträchtliche weitere Einnahmen hinzu: 1000 Gulden aus dem Nachlaß seines Vaters, 1000 Gulden für ein Konzert in Prag und weitere 450 Gulden für den «Don Giovanni». So wäre ein gutbürgerliches Leben auch im teuren Wien gut zu bestreiten gewesen. Dies lenkt den Blick auf eines der am schwersten zu durchschauenden Phänomene in der Mozart-Biographie – auf Mozarts Schulden. Als zentrale Gestalt erscheint in diesem Kontext der Logenbruder Michael Puchberg, den Mozart bis ins Jahr 1791 hinein in für ihn demütigenden Bettelbriefen bedrängte. In die finanzielle Abwicklung der Nachlaßangelegenheit war Puchberg bereits einbezogen. Spätestens im Frühjahr 1788 hatte Mozart Schulden bei ihm – unter den gegebenen Umständen eigentlich unverständlich.

Hart gesprochen, glitt Mozart in einen Konflikt zwischen Schein und Sein, besser gesagt: zwischen seinem ebenso künstlerischen wie gesellschaftlichen Entfaltungsdrang und einer sich verdüsternden Ausweglosigkeit in der Spätphase der Regentschaft Josephs II. Die Balance in seinem Drahtseilakt nicht mehr finden zu können, wird Mozart empfunden haben. Er geriet wieder in jenes Verhaltensmuster der Ausbruchsversuche mit ihren fiktionalen Begleitumständen, die sein Leben vor der Wiener Zeit prägten. Es finden sich nun Klagen über Wien. Aber wie stets zuvor in seinem Leben resigniert Mozart auch jetzt nicht als schaffender Künstler. In dem offensichtlich schwierigen Sommer 1788 entsteht jene Trias der Sinfonien in Es-Dur, g-Moll und C-Dur, die in unseren Augen den Gipfel seines sinfonischen Œuvres darstellen. Sicher hat er sie nicht für die Schreibtischlade, sondern im Zuge irgendwelcher Konzertpläne geschrieben, die sich dann vermutlich zerschlagen haben. Für den einflußreichen Baron Gottfried van Swieten war er als Bearbeiter und Aufführer von Händels Oratorien intensiv tätig. Doch dies blieb alles ein Außenhalt für eine tiefe Irritation. Sie spricht auch aus dem Verdrängen alter Familienbande aus seinem Leben. Mozart reiste auch jetzt nicht an das Grab seines Vaters; seiner Schwester Maria Anna schrieb er am 2. August 1788 zusammen mit übersandten «*Neuesten klavierstücken*» seinen letzten Brief und entließ sie so aus seinem Aufmerksamkeitsfeld.

In dieses Bild paßt auch sein Entschluß, eine sich Anfang April 1789 ergebende Möglichkeit, den Fürsten Karl Lichnowsky (ein Logenbruder und Schüler Mozarts) auf einer Reise nach Berlin zu begleiten, spontan zu ergreifen. Die Reise dauert knapp zwei Monate, das Besuchsprogramm war sehr dicht. Allzuviel bringt sie nicht ein. In Prag verhandelt er mit Domenico Guardasoni wegen einer neuen Oper. In Dresden konzertiert Mozart am Hofe des Kurfürsten Friedrich August III. Wie stets auf seinen Reisen macht er interessante Begegnungen; so kommt es hier zu einem Orgelwettspiel in der Hofkirche mit dem Erfurter Organisten Johann Wilhelm Häßler. Mozart begegnet auch dem Schiller-Freund Christian Gottfried Körner (der 1795 eine frühe klassizistische Musikästhetik verfassen sollte) und dessen Schwägerin Doris Stock, die Mozart portraitiert (Silberstift-Zeichnung). In Leipzig improvisiert Mozart auf der Orgel der Thomas-Kirche. Danach reisen Mozart und Lichnowsky nach Potsdam, wo Mozart König Friedrich Wilhelm II. «*seine Talente zu Füßen legen*» will. Dazu kommt es jedoch nicht, man reist nach Leipzig zurück. Dort gibt Mozart ein Konzert im Gewandhaus, über dessen Erfolg Mozart seiner Frau so berichtet: «*Von seiten des beyfalls und der Ehre glänzend genug, desto mägerer aber die Einnahme betreffend*». Lichnowsky fährt nach Hause, Mozart versucht nochmals sein Glück am preußischen Hof in Berlin und spielt dort vor der Königin Friederike Louise und erhält auch einen Auftrag, Streichquartette und Klaviersonaten zu schreiben, den er später nur teilweise erfüllte. Am 4. Juni kehrt er nach Wien heim und trifft seine Frau dort krank an. Im Sommer reist sie zur Kur nach Baden bei Wien. Die für uns wichtigste biographische Quelle aus dieser Zeit sind die Briefe an Michael Puchberg, in denen Mozart freilich alle Geschehnisse um ihn theatralisch und eher negativ schildert. Mitte November bringt Constanze ihr fünftes Kind zur Welt, das wie drei andere zuvor nur kurz überlebt.

Eine Ära geht zu Ende. Am 14. Juli 1789 beginnt mit dem Sturm auf die Bastille in Paris die Französische Revolution. Am 20. Februar 1790 stirbt Kaiser Joseph II. in Wien. Keine Revolution droht in Österreich, nach diesem großen Reformer auf dem Thron schlägt das Pendel in die Richtung restaurativer Bestrebungen.

Der Zeitpunkt des Ablebens des Kaisers kam Mozart denkbar ungelegen. *«Im Jenner 1790»* trug er die Opera buffa «Così fan tutte; osia la scuola degli amanti» in sein Werkverzeichnis ein. Die Uraufführung fand am 26. Januar im Burgtheater statt. Sie hatte Erfolg, innerhalb der nächsten zehn Tage gingen vier Wiederholungen über die Bühne. Im Sommer nach der Trauerzeit gab es nochmals sechs Aufführungen, dann zu Mozarts Lebzeiten keine mehr. Kaum ein anderes Werk Mozarts wurde bis heute so unterschiedlich beurteilt. Deutsche Singspielfassungen führten wohl zu einer gewissen Verbreitung, verniedlichten aber die Frivolität der Handlung. Schon die ersten Biographen (Niemetschek, Nissen) schätzten Mozarts Musik, fanden aber den Text schlecht. Später setzte Richard Wagner in diesem Sinne nach, wenn er meinte, ihm sei es lieb, daß Mozart bei so einem nichtigen Libretto keine so gute Musik wie im «Don Giovanni» schreiben konnte. Erst in der Münchner Mozart-Renaissance um 1900 wurde man wieder auf die Originalfassung der Oper aufmerksam. Heute fasziniert das psychologisch kühne und abgründige Experiment dieser Oper in unvergleichlicher Weise. Fachleute sind überzeugt, daß «Così fan tutte» da Pontes bester Text sei. Vor allem begreift man nun wieder besser das so ganz Unbürgerliche eines Opera buffa-Ereignisses in der feudalen Welt vor der Französischen Revolution. Der berühmte Tagebuch-Schreiber Graf Zinzendorf notierte nach einem Aufführungsbesuch knapp und treffend seinen Eindruck: *«La musique de Mozart est charmante, et le sujet assets amusant.»* Das Amüsante solch einer Treueprobe wird dann zum ästhetischen Genuß, wenn sich einem die Dimension der in «Così» enthaltenen Anspielungen erschließt. Es mag ja sein, wie immer wieder behauptet, daß sich eine tatsächliche Geschichte hinter der Opernhandlung verbirgt. Das Raffinement liegt aber in einer literarischen Parodietechnik. Da Ponte spielte mit einer für die damalige Zeit vorauszusetzenden Kenntnis von Dichtungen wie Ovids «Metamorphosen», Ariosts «Orlando furioso» oder den Dramen von Pierre de Marivaux; hochaktuell war zudem der Briefroman von Choderlos de Laclos «Les liaisons dangereuses». «Così fan tutte» ist eine Mischung aus Ironie und Ernst, Maskerade und Demaskierung. Hinzu kommt eine Musik, die gerade in den schwierigen Handlungssituationen der Bühnenfiguren die Textaussagen nicht verdeutlicht, sondern einer darauf gerichteten Erwartung mit Kalkül den Boden entzieht und sozusagen mit charmantem Lächeln uns Hörern eine noch abgründigere Interlinearversion bietet. Der historische Zeitpunkt des Erscheinens dieser Oper macht den Eindruck einer ungewollten, jedenfalls höchst unpassenden Frivolität – aber das Stück hatte im Fasching 1790 Erfolg. Symbolträchtig ist es zudem in einer anderen Weise: Mozart und auch da Ponte überdrehten ihre künstlerallmächtige Liberalität, wie sie diese in der historischen Situation Mitte der 1780er Jahre empfunden haben mögen, in einem Kunstgebilde, das sich wie ein Ballon von der Realität hinweghebt.

7. Zur Zeit Leopolds II.

Drei Wochen nach dem Tod Josephs II. zieht sein Bruder Leopold, bisher Großherzog von Toskana, als sein Nachfolger in Wien ein. Er wurde sogleich König und ein halbes Jahr später in

Frankfurt zum deutschen Kaiser gekrönt. In einer sehr schwierigen Situation war der hochbefähigte Leopold II. ein Glücksfall für Österreich. Als Regent sah er sich dem Wohle des Volkes, aber auch dessen Zustimmung verpflichtet. In seiner nur zweijährigen Herrschaft gelang es ihm, die Reformen seines Bruders zu mildern, ohne sie aufzugeben, und sich außenpolitisch so weit von Rußland zu distanzieren, daß ein Interessensausgleich mit Preußen möglich wurde. Trotz des theoretisch noch bestehenden Bündnisses mit Frankreich agierte er vorsichtig zwischen den Erwartungen seines Schwagers Ludwig XVI. und dem dynamischen Geschehen der Französischen Revolution. Leopold war ein umsichtiger und nüchterner Realpolitiker, kein amusischer Mensch, aber für Musik, Theater und Kunst konnte er nur wenig Zeit erübrigen, dennoch strebte er Veränderungen an. Zudem war in den langen Jahren in Florenz der italienische Musikgeschmack sein eigener geworden. Für Mozart (und auch für Salieri) war dies keine günstige Voraussetzung, wenngleich der Kaiser ähnlich wie zuvor sein Bruder Mozart seit dessen Wunderkind-Auftritt am Wiener Hof kannte. Außerdem verlor Gottfried van Swieten als wichtiger Förderer (Mozart blieb weiterhin als Bearbeiter von Händel-Oratorien für ihn tätig) seine einflußreiche Position am Hofe. Mozarts Versuch, über die Verbindung zu Leopolds Sohn Erzherzog Franz eine zweite Hofkapellmeisterstelle zu erlangen, war von vornherein chancenlos.

Es sei die Behauptung gewagt, Mozarts Situation im Jahr 1790 war die kritischste in seinen Wiener Jahren. Seine geläufigen Bemühungen um große Konzertauftritte, um zahlungskräftige Schüler und um gute Positionierung seiner Kompositionen im international aufstrebenden Musikverlagswesen fruchteten wenig. Jedenfalls zu wenig, um die sich offensichtlich auftürmenden Schuldenlasten einigermaßen auszugleichen. Das zeitweise sogar wöchentliche Flehen um Geld und die Liebedienerei durch Einladungen des Kaufmanns Michael Puchberg in Künstlerkreise nahm Formen an, die für den stolzen Mozart schwer erträglich gewesen sein müssen. Einmal mehr sind die drängenden Fragen der Biographen verständlich, warum Mozart in eine derartige Bedrängnis geriet. Selbst für das Jahr 1790 können wir ein Einkommen Mozarts von etwa 1500 Gulden nachweisen. Das ist jedenfalls mehr, als ein durchschnittlicher Arzt, Universitätsprofessor oder Pfarrer verdienten. Mozart lebte aufwendig. Er liebte luxuriöse Wohnungen, möglichst in der Innenstadt. Noch in seiner letzten Wohnung in der Rauhensteingasse (Miete 330 Gulden pro anno) hatte er für seine persönlichen Bedürfnisse Musik-, Arbeits- und Billardzimmer zur Verfügung. Mozart war eitel und gab sehr viel Geld für teure Kleidung aus. Zu seinem Haushalt in der Wiener Zeit gehörten eine Köchin, ein Dienstmädchen und ein Diener. Außerdem besaß er ein Reitpferd mit entsprechender Ausrüstung. Ob all dies die Schuldenlast (Mozart nahm ja nicht nur bei Puchberg Darlehen auf) erklärt, ist nach wie vor eine offene Frage.

Souveränität und Abgehobenheit sind nicht das Gleiche – weder bei einem Regenten noch bei einem Künstler, der einen führenden Rang für sich beansprucht. Die Gefahr, bei seinen Handlungen die Tuchfühlung mit der konkreten Realität zu verlieren, war bei Mozart gegeben. In früheren Zeiten hatte er seinen Vater, der ihn mahnte; danach lebte er in seinem Wiener Musikerglück, hatte nun aber keinen kritischen Vertrauten mehr – seine junge Gattin war für diese Rolle noch nicht geeignet. Sonderbar, als ein Wiederaufleben alter Illusionen und eines trotzigen Fluchtverhaltens zeigt sich dem Betrachter die Seifenblase von Mozarts Frankfurt-Reise im Herbst 1790. Am selben Tag wie Leopold II., am 23. September, bricht Mozart mit seinem Schwager und seinem Diener Richtung Frankfurt auf. Der Kaiser reist zu seiner Krönung mit 104 Kutschen und Wagen, in seinem Gefolge auch der Hofkapellmeister Antonio Salieri. Mozart reist in einer eigenen neuen Kutsche eilends auf der ihn bisher unbekannten Route über Regensburg, Nürnberg, Würzburg und erreicht am 28. September Frankfurt. Er sondiert das Gelände, trifft viele alte Bekannte und spekuliert angesichts der Ansammlung fürstlicher Zelebritäten auf Kompositionsaufträge oder gar eine höfische Stellung. Am 4. Oktober trifft Leopold II. ein. Tags darauf sollte *«die Churmainzische Schauspielergesellschaft mir zu Ehren meinen Don Juan»* geben, aber sie tat es nicht und spielte Karl von Dittersdorfs Singspiel «Die Liebe im Narrenhause». Bei der Kaiserkrönung am 9. Oktober wurde keine Musik von Mozart, sondern eine Festmesse von Vicenzo Righini und das «Te Deum» von Salieri gesungen und gespielt. Immerhin wurde einige Tage darauf von einer Truppe des Kurfürstentums Trier «Die Entführung aus dem Serail» aufgeführt. Am 15. Oktober gab Mozart im Schauspielhaus eine große Akademie, allerdings und wohl notgedrungen in der dafür ungünstigen Mittagszeit. Das größere Ereignis war die Aufführung von Salieris Oper «Axur». Die zweite Woche, da der Kaiser in Frankfurt weilte, hat Mozart bereits in Mainz verbracht – vielleicht resignierend, jedenfalls um dort mit einem Konzert vor dem Kurfürsten ein ansehnliches Honorar einzuspielen.

Fast am gleichen Tag verließen der Kaiser und Mozart das Rhein-Main-Gebiet wieder Richtung Wien. In seiner Enttäuschung reagierte Mozart nun noch merkwürdiger. Er fuhr genau auf jener Strecke zurück, auf der er 27 Jahre zuvor als Kind mit seiner Familie zum ersten Mal nach Westen gereist war. In Mannheim sieht er seinen «Figaro», besucht den Garten und das Schloß von Schwetzingen, in Augsburg und München besucht er viele alte Freunde (Cannabich, Marchant, Ramm), wirkt auch in der Münchener Residenz an einer Hofakademie zu Ehren des Königs Ferdinand IV. von Neapel und seiner Gemahlin mit, die sich auch auf der Rückreise von Frankfurt befinden. Die Rückreise von Mainz nach Wien dauert insgesamt etwa drei Wochen, aber ein Wiedersehen von Salzburg oder seiner in St. Gilgen lebenden Schwester vermeidet er; vielleicht wäre ihm die Erinnerung zu nahe gegangen. War es eine ‹Weltabschiedsreise›? Noch einen Abschied galt es zu bestehen: Joseph Haydn reiste im Dezember für lange Zeit Richtung London ab und großartigen Erfolgen entgegen. Während seiner Abwesenheit von Wien hat auch Mozart von einem Londoner Manager eine Einladung, verbunden mit dem Angebot eines Opernkontrakts, erhalten. Ob Mozart darauf überhaupt reagierte, ist ungewiß.

Doch das reale Leben mit Sorgen um die Familie, der Komposition von Tänzen für die bevorstehende Faschingssaison und mit diversen Plänen und Unternehmungen holte ihn wieder ein.

Auch die durch die Reise sicherlich weiter gestiegene Schuldenlast mußte irgendwie bewältigt werden. Wie stets schüttelte auch diesmal Mozart den Anflug einer Depression ab und wandte sich der Zukunft zu. Das neue Jahr 1791 sollte sich als ein sehr erfolgreiches und zukunftsträchtiges erweisen. Das alte und immer wieder aufpolierte Klischee vom einsamen, von der Gesellschaft verstoßenen, bitterarmen, verzweifelten und von Todesahnungen geplagten Mozart ist schlichtweg falsch. ‹Phönix aus der Asche› wäre auch ein übertriebenes Bild, aber eine Perspektive auf neue Möglichkeiten und Erfolge entwickelte sich durchaus in diesem Jahr 1791. Dazu beigetragen haben wenigstens teilweise realistische Einschätzungen der Lage: Vom Kaiserhof war nicht allzuviel zu erwarten. Über seine Prager Verbindungen gelang es ihm jedoch gemeinsam mit dem Impresario Guardasoni, einen schon länger besprochenen Opernplan über eine Festoper zur Krönung Leopolds II. als böhmischen König vertraglich zu fixieren. Aufgrund der Milderung der strengen Josephinischen Kirchenpolitik eröffneten sich neue Chancen im Bereich der Kirchenmusik. Schon seit einiger Zeit hatte sich Mozart ihm in kompositorischen Studien wieder zugewandt. Im Frühjahr reichte er beim Wiener Magistrat ein Gesuch um die Stelle eines Adjunkten des Domkapellmeisters ein. Diese war wohl unbesoldet, enthielt aber die Zusicherung, dem greisen Johann Leopold Hofmann als Domkapellmeister nachfolgen zu können. Kompositionen wie das «Ave verum» und vor allem das «Requiem» sind auch unter dieser Perspektive zu sehen. Anfang 1791 entließ Leopold II. da Ponte; Salieri legte die Direktion der italienischen Oper zurück – in dieser Funktion folgte ihm Joseph Weigl. Mozart sah vor diesem Hintergrund keine Chance für eine erfolgreiche weitere Produktion von Opere buffe (selbst im schwierigen Jahr 1790 wurden «Figaro» und «Don Giovanni» im Burgtheater mehrmals aufgeführt). So mußte es für Mozart einen Sinn ergeben, sich nach etlichen Jahren wieder dem deutschen Singspiel zuzuwenden. In diesem Genre galt er seit dem sich weit ausbreitenden Erfolg der «Entführung aus dem Serail» als unbestrittene kompositorische Größe. Im Burgtheater wurde das Singspiel nicht mehr gepflegt, so lag es auf der Hand, sich anderwärts umzusehen. Der beste und ebenfalls weit renommierte Mann war Emanuel Schikaneder mitsamt seiner Truppe. Die beiden kannten sich aus dem Salzburg der späten 1770er Jahre. Als Schikaneder 1784 das Gastspiel mit seiner Truppe im Wiener Kärntnertortheater antrat, eröffnete er mit der «Entführung». Inzwischen hatte Schikaneder ein eigenes Theater in der Vorstadt «Auf der Wieden». Sicherlich hatte er mit Mozart in Wien seinen Kontakt erneuert, wenngleich wir in Briefen nichts davon lesen. Ab 1790 besuchte Mozart nachweisbar Aufführungen der Schikanederschen Bühne und komponierte auch Einlagestücke. Wann es zu weitergehenden Plänen einer Zusammenarbeit kam, ist unbekannt – kaum jedoch vor dem Frühjahr 1789 und der endgültigen Übersiedlung Schikaneders nach Wien. Ab April 1791 war Mozart jedenfalls intensiv mit der Komposition der «Zauberflöte» befaßt.

Mozart hatte sich umorientiert. Er gab seine zuvor gelegentlich verzweifelten Bemühungen, große Akademien zu veranstalten, auf. Sein letztes öffentliches Auftreten als Pianist fand am 4. März statt. Im Rahmen eines Konzerts des Klarinettisten Johann Joseph Beer im Saal des Hoftraitteurs Ignaz Jahn in der Himmelpfortgasse spielte er sein letztes Klavierkonzert – jenes in B-Dur KV 595. Er konzentrierte sich fast ausschließlich auf die kompositorische Produktion. Schaut man in sein «Verzeichnüß aller meiner Werke», so wird deutlich, wie sehr Mozart im Laufe des Jahres 1790 auch in eine Schaffenskrise geraten war. Nach der im Januar abgeschlossenen Oper «Così fan tutte» trägt er im Mai und Juni je ein Streichquartett ein, dann folgt eine Lücke bis in den Dezember, als er das Streichquintett KV 593 notierte; von diesem Zeitpunkt an spiegelt sich im Verzeichnis eine überaus reiche und kontinuierliche Produktion wider. Einerseits sind es Werke für den täglichen Gebrauch wie Tänze, Lieder, Klaviervariationen, Stückchen für mechanische Musikinstrumente und Einlagestücke für Opern anderer Komponisten. Noch am *«15ten Novembr»* trägt er *«Eine kleine Freymaurer-Kantate»* KV 623 ins Werkverzeichnis ein. Hinzu kommen wahre Meisterwerke wie das erwähnte B-Dur-Klavierkonzert, das Klarinettenkonzert für Anton Stadler, das Streichquintett KV 614 oder ein Kleinod wie das «Ave verum Corpus», dem an Niveau die Stückchen für Orgelwalze nicht nachstehen. Die zentralen Werke, auch an erforderlichem Zeitaufwand, waren die beiden Opern und das unvollendet gebliebene Requiem. Die Aufzählung macht klar, daß Mozart sich in eine anhaltende Schaffenseuphorie hineingesteigert haben muß. Dies äußert sich auch im Stimmungsbild seiner Briefe (abgesehen von jenen an Puchberg). Während die aus der Zeit der Frankfurt-Reise an seine Frau depressiv klingen und ein Erstarren seiner Empfindungen ausdrücklich ansprechen (besonders im Brief vom 30. September 1790), herrscht nun ein fröhlicher, selbstironischer Ton vor; nach der Uraufführung der «Zauberflöte» äußert Mozart ebenso unverhohlen wie augenzwinkernd sein Glück über den Erfolg.

Um die drei letzten großen Werke Mozarts hat sich, kaum erstaunlich, eine besondere Aura gebildet, doch entwickelte sich ihre jeweilige Rezeptionsgeschichte sehr unterschiedlich. «La clemenza di Tito» ist eine gänzlich andere Opera seria als es «Idomeneo» war. Der «Titus» war als Festoper von vornherein geplant und wurde am Tag der Krönung Leopolds II. zum König von Böhmen am 6. September 1791 uraufgeführt. Viel später, aber lange Zeit hindurch wurde der «Titus» als ein anachronistischer Rückblick Mozarts angesehen. Sicher war das Libretto von Metastasio, wenn auch durch Caterino Mazzolà modernisiert, schon sehr alt. Aber Mozarts zurückhaltender, die auffahrende Expression meidender Umgang mit dem Lob der Herrschertugend der Milde, der Freundesliebe und des Vorrangs des Gewissens vor der Staatsraison war zukunftsweisend. Konsequent wurde der «Titus» um 1800 in der Zeit des Empire und eines Opern-Klassizismus viel gespielt, hoch geschätzt, ja, manche hielten ihn überhaupt für Mozarts beste Oper. Später wurde er als ‹unbedeutende Gelegenheitsarbeit› beiseite gedrängt. Erst in den letzten Jahrzehnten fand der «Titus» ins Repertoire zurück.

«Die Zauberflöte» bildet nach der «Entführung aus dem Serail» Mozarts zweite große Herausforderung der Gattung des deutschen Singspiels. Zu Recht nannte er sie selbst *«eine teutsche Oper»*. Die Heterogenität und ‹Unlogik› ihrer Handlung –

deren Zweischichtigkeit von theatralischen Bildmomenten und letztlich ungesagtem tieferen Sinn des Ablaufs (Mozart war glücklich über den «stillen Beifall», den er den Publikumsreaktionen entnahm) – finden ihre Plausibilität nicht mit Hilfe, sondern in Mozarts Musik. Bei all ihrer stilistischen und affektuösen Vielschichtigkeit durchzieht sie doch ein spezifischer Zauberflöten-Ton. Mozarts posthumer Ruhm, der sich in den 1790er Jahren rasch etablierte, erhielt seinen entscheidenden Impuls von dem enormen Erfolg der «Zauberflöte». Etwa um 1794 nahm die Begeisterung und auch die Vermarktung Formen an, die man als «Boom» bezeichnen kann. Die weitere Rezeption der «Zauberflöte» ist im deutschsprachigen Raum eine gleichmäßige Erfolgsgeschichte sondergleichen. Wie das Werk selbst, so ist auch ihre praktische und theoretische Interpretation überaus facettenreich. Auf eine Formel gebracht: Die «Zauberflöte» fasziniert als populäres und zugleich rätselhaftes Werk.

Eine Aura des Geheimnisvollen umfängt Mozarts «Requiem». Etwa 10 Jahre nach Mozarts Tod mußte den Kennern klar gewesen sein, wie es zur Entstehung und zur Vervollständigung der Partitur kam. Aber der romantische Reiz eines Fragmentes verbunden mit Entschlüsselungsphantasien hielt eine Debatte um dieses Werk jahrzehntelang am Leben. Wir wissen heute, wie es um die diskrete Auftragsvergabe durch den Grafen Franz Walsegg zu Stuppach bestellt war – jener wollte sich als Komponist eines Requiems für seine verstorbene Frau ausgeben (ein Urheberrechtsempfinden war damals noch wenig entwikkelt) – und wer alles bei der notwendigerweise sehr umfangreichen Vervollständigung des Manuskripts Mozarts beteiligt war. Dennoch hat sich die Aura des Mysteriösen gehalten. Details der Werkgeschichte werden immer von neuem kritisch untersucht, und die Frage, welche Textworte Mozart zuletzt noch komponierte, verlockt zu eschatologischen Spekulationen, die nichts mehr mit Quellenkritik zu tun haben. Aber welcher Hörer oder Musiker ist nicht vom Fragment betroffen, wenn er Mozarts «Introitus» und «Kyrie» hört und dann das Hinübergleiten der Musik zu der eines der Bearbeiter – sei es Franz Xaver Süßmayr oder eines anderen – mitvollzieht?

Über der Komposition eines «Requiems» zu sterben ist freilich ein Schicksal oder Zufall, das die Nachwelt rühren mußte. Hat er sich ahnungsvoll seine eigene Totenmesse schreiben wollen, fragte man sich im bürgerlichen 19. Jahrhundert. Schon früh entstanden die ebenso bildkräftigen wie schauerlichen Geschichten vom «Grauen Boten» und von einer möglichen Vergiftung Mozarts durch Salieri oder andere Widersacher. Sachliche Aufklärung und der Hinweis auf ein Künstlerselbstverständnis im 18. Jahrhundert, dem eine hochgespannte Psychologisierung nicht entspricht, vermögen bis heute nicht diese Klischees zum Verschwinden zu bringen. Bilder sind eben stärker als nüchterne Worte. Der antike Topos von den früh Verstorbenen als Lieblinge der Götter hat noch nicht seine Faszination verloren. Er verlockt selbst prominente Mediziner, immer von neuem und mit wechselnden Ergebnissen, die ‹eigentliche› Todesursache Mozarts zu entschlüsseln. Unangenehm rührselig sind schließlich die wirklich falschen Geschichten von Mozarts Vereinsamung, Verarmung, den düsteren Umständen seines Begräbnisses und des Verscharrens seines Leichnams in einem Massengrab.

Aus verläßlichen Quellen erfahren wir nur wenig über Mozarts letzte Lebenswochen. Lassen wir zweifelhafte, dafür aber detailreiche Berichte, die meist erst sehr viele Jahre später veröffentlicht wurden, beiseite, so ist alles rasch erzählt: In der ersten Oktoberhälfte war Constanze Mozart mit ihrem Jüngsten wieder in Baden zur Kur, wurde dann von ihrem Mann und dem Söhnchen Carl Mitte Oktober heimgeholt. Im selben Monat erfuhr «Die Zauberflöte» 24 Aufführungen. Zur selben Zeit komponierte Mozart am Klarinettenkonzert und weiter am «Requiem». Am 17. November dirigierte er die knapp zuvor komponierte Freimaurer-Kantate KV 623 in der Loge «Zur neugekrönten Hoffnung» anläßlich der Einweihung eines neuen Tempels. Etwa um den 20. November erkrankte Mozart und mußte das Bett hüten. Am 28. hielten die behandelnden Ärzte Dr. Thomas Franz Closset und Matthias von Sallaba ein Konsilium. Am 4. Dezember besuchte Antonio Salieri (der Mitte Oktober begeistert die «Zauberflöte» besucht hatte) den sterbenskranken Mozart. Am 5. Dezember stirbt Mozart. Im Totenbuch der Pfarre St. Stephan wird als Todesursache *«hitziges Frieselfieber»* angegeben. Am folgenden Tag wird sein Leichnam in der Kruzifixus-Kapelle des Stephansdomes eingesegnet und auf dem Friedhof von St. Marx in einem Reihengrab beigesetzt.

Einigermaßen verläßlich überlieferte Krankheitssymptome sind Ödeme, Fieber, Erbrechen und Bewußtlosigkeit (zwei Stunden vor Todeseintritt). Diese Symptome lassen sich je nach subjektiver Bewertung unterschiedlichen Erkrankungen zuordnen. Daraus ist nur ein Schluß zu ziehen: Eine zuverlässige Diagnose der tödlichen Krankheit Mozarts läßt sich weder stellen noch widerlegen; die Todesursache bleibt unklar. Auch die Untersuchung der lebenslangen Krankengeschichte Mozarts führt zu keiner Gewißheit.

Die Begräbnisvorschriften und -gebräuche waren andere als bereits wenige Jahrzehnte später. Damals war das «Leichen-Zeremoniell» mit der Einsegnung in der Kirche abgeschlossen. Die Särge durften nicht bei Tageslicht auf die außerhalb der Stadt liegenden Friedhöfe gebracht werden. Die Überführung auf den Friedhof und die Beerdigung erfolgten stets ohne Begleitung der Angehörigen. Ein Eigentums- und über zehn Jahre hinausreichendes Fortbestandsrecht an Gräbern gab es nicht. Kein einleuchtender Grund findet sich aber, warum Constanze Mozart das Grab ihres Gatten nie besuchte und offensichtlich auch keinen Grabstein setzen ließ. Die notwendigen Veranlassungen zum Begräbnis und dann zur Versorgung der Familie traf Gottfried van Swieten. Für das Begräbnis wählte er eine in bürgerlichen Kreisen übliche Bestattungskategorie, kein Armenbegräbnis. Die Totenmesse fand am 10. Dezember 1791 in der Pfarrkirche St. Michael statt. Nach Zeitungsangaben wurde dabei *«das Requiem welches er in seiner letzten Krankheit komponirt hatte, exequirt»* (dies konnten nur die Sätze Introitus und Kyrie sein, das Fragment mußte mit anderen Vertonungen ergänzt werden).

Ob der Tod Mozart unvorhergesehen oder medizinisch vorhersehbar traf, bleibe dahingestellt. Jedenfalls aber starb Mozart zu einem Zeitpunkt, da er mit großer und begründeter Zuversicht in die Zukunft blicken konnte. So wurde sein Ruhm ein posthumer. Schon bald nach seinem Tode nahm das Verlegerinteresse für seine Werke sprunghaft zu. Mehrere (freilich unvollständig gebliebene) Gesamtausgabe-Unternehmungen entstanden. Die Aufführungszahlen seiner Opern, nicht nur der «Zauberflöte», stiegen stark an. Es entstand schon in den 1790er Jahren ein Heroenkult mit Gedenkfeiern und -schriften, aus dem Stürmer und Dränger wurde ein «Klassiker», zuvor kritisierte Merkmale seines Stils wie Mischung von Gattungen, Wechsel der Affekte und die hohen satztechnischen Ansprüche wurden nun besonders bewundert. Ein überaus facettenreiches Nachleben, eine bis zur Gegenwart reichende unvergleichliche Erfolgsgeschichte begann.

Nachwort: Mozarts Sozialverhalten und Weltanschauung

So, wie Mozart lebte, hatte er alles darauf ausgerichtet, Musik – und sich selbst – zu produzieren. Dazu führte ihn nicht allein die Erziehung und das Vorbild des Vaters, sondern von Kindheit an eigene Erfahrungen, seine naiven Ausbrüche aus den an ihn gestellten Erwartungen in das überwältigende Erlebnis ‹fordert mich nur, ich kann alles›. Solche Überlegenheitsphantasien des Wunderkinds setzten sich als Motivationskraft fest, verlockten Mozart immer wieder dazu, seinen Erkundungsdrang über die Grenzen dessen, was wir gemeinhin als Realität zu akzeptieren bereit sind, hinwegzutreiben, befähigten ihn aber auch, auftretende Schwierigkeiten zu marginalisieren und gelegentlich wirklich wie ein Phönix aus der Asche emporzusteigen in seine Sphäre künstlerischen Handelns.

«*Mozart magnus, corpore parvus* [sic]», in solch einer selbstironischen Briefunterschrift steckt ein gar nicht spaßiger Anspruch. Entsprechend selbstbewußt trat er auf und war auch leicht zu irritieren, sobald jemand die Größe im kleinen Mann nicht einfach zu akzeptieren bereit war. Wenn ein Mann von

Welt wie der Fürst Wenzel Anton Kaunitz über ihn sagte, «*daß solche leute*» – wie Mozart – «*nur alle 100 Jahre auf die welt kämen*», war alles in Ordnung. Wenn ihm «*Cavaliere*», wie in Straßburg auf der Heimreise von Paris 1778, die «*Ehre*» gaben, schrieb er dem Vater genüßlich: «*die leute sagen, es geht bey mir alles so Nobl zu – ich seye so gesezt – und höflich – und habe so eine gute aufführung*». Aber «*wenn ich sehe daß mich Jemand verachtet und gering schätzet, so kann ich so stolz seyn wie ein Pavian*». Über seinen päpstlichen Orden «Vom Goldenen Sporn» durfte nur er sich lustig machen, aber wenn es andere taten, wie in Augsburg 1777 ein junger Adeliger und ein Offizier, reagierte er so: «*ich kann noch eher alle orden / die Sie bekommen können / bekommen, als Sie das werden, was ich bin; und wenn Sie 2 mahl sterben und wieder gebohren werden*». Daraus spricht weniger ein bürgerliches Aufbegehren als Künstlersouveränität. Die konnte sich auch gegen ‹die da unten› richten. Über die Volksnähe Kaiser Josephs II. selbst bei einem Schönbrunner Ball zu Ehren russischer Staatsgäste mokierte sich Mozart, die Veranstaltung sei ein «*Ball voll friseurs und Stubenmädchen*» gewesen, und er zog den Schluß «*das geht nicht, Pöbel bleibt doch immer Pöbel*».

Um abzuschätzen, wie recht Mozart in seinem Selbstwertgefühl hatte, waren seine Kontrahenten meist nicht souverän genug; so mußte er vielen als arrogant bis zum Größenwahn erscheinen. Ein besonders heikles Feld damals wie heute ist der Umgang mit Berufskollegen. Sein Vater warnte ihn wiederholt, sich durch Großsprecherei und Kritisieren «*die Profeßorie von der Musick*» zu Feinden zu machen. Joseph Haydn als europaweit anerkannte Größe und damit kleinlichen Intrigen weniger ausgesetzt, war da viel geschickter und verhielt sich so, wie es einem die Vernunft gebietet: Auch er war ein scharfsichtiger Kritiker, äußerte sich aber in der Öffentlichkeit stets freundlich und anerkennend über Kollegen. Offensichtlich nicht nur in vertraulichen Briefen an den Vater überwogen bei Mozart die negativen Urteile über Komponisten, Sänger und Musiker. Noch verständlich erscheint es, daß Mozart Kollegen, mit denen er nicht zurechtkam oder in denen er Feinde vermutete, abqualifizierte. Der Dresdner Pianist und Organist Johann Wilhelm Häßler wollte 1788 nach Wien reisen, um Mozart zu einem Wettspiel zu fordern. Dazu kam es nicht, aber als Mozart im Jahr darauf ihn in Dresden hörte, fällte er ein der vorangegangenen Anmaßung entsprechend vernichtendes Urteil: Häßler habe als Organist *«nur Harmonie und Modulationen vom alten Sebastian Bach auswendig gelernt, und ist nicht imstande eine fuge ordentlich auszuführen – und hat kein solides Spiel»*. Ein vom Kaiser initiiertes Wettspiel mit dem damals schon sehr angesehenen Pianisten und Komponisten Muzio Clementi verlief für Mozart erfolgreich. Nichtsdestotrotz machte er Clementi als *«Ciarlattano wie alle Wälschen»* herunter und warnte seine Schwester vor dem *«entsezlichen Hackwerk»* der Sonaten Clementis. Eines ernsthaften künstlerischen, vor allem kompositorischen Wettstreits würdig empfand er nur wenige ihm persönlich bekannte Musiker – in seiner Jugend vor allem Johann Christian Bach, später Christoph Willibald Gluck und vor allem Joseph Haydn. Sicher waren Mozarts Urteile auch von persönlichen Sympathien abhängig. Doch selbst ihm liebe Musiker konnte er sehr hart beurteilen. Den ihn verehrenden jungen Pianisten Georg Friedrich Richter nannte er den *«besten Menschen der Welt»*, dennoch erwiderte er ihm auf Komplimente hin: *«Ja, ich musste mich auch bemühen, um mich izt nicht mehr bemühen zu därfen»*. Dem Spiel Richters attestierte er ein *«zu grob – zu mühsam – und ohne allen geschmack und Empfindung»*. Mozart wirkt in seinen Briefen oft so, als habe er zuvor in Hermann Hesses «Steppenwolf» (1927) über den Mozart im «magischen Theater» gelesen, über einen Olympier, der über alle nachfolgenden Musiker spottet, lacht und *«mit den Beinen Triller schlägt»*.

Mozart ist von seinen Exegeten immer wieder für Weltanschauungen vereinnahmt worden: für den deutschen Nationalismus, für einen österreichischen Patriotismus, für ein Weltbürgertum, für die katholische Konfession traditioneller Ausrichtung wie für eine das Sündenfallsdogma verdrängende aufgeklärte Religiosität, für einen sich ebenfalls auf die Aufklärung berufenden Antiklerikalismus, für eine Liberalität der Toleranz und Wohltätigkeit, für die Freimaurerei mitsamt ihren Riten, für den Ordnung sprengenden Freiheitswillen des Individuums wie für eine künstlerische Vorwegnahme späterer sozialer Revolutionen, für eine bürgerliche Gesinnung wie für einen humanistischen Klassizismus gelingender Harmonie. Sie alle haben die für ihre Deutung passenden Zitate in Briefen und Passagen in Partituren gefunden und folglich ‹irgendwie› recht. Aber sie spielen mehr oder minder stark die triviale Tatsache herunter, daß Mozart primär und mit allen Folgen für sein Selbstbewußtsein Künstler, Musiker sein wollte, daß seine Unbedingtheit darin lag und alle anderen Lebensbelange durchdrang und auch instrumentalisierte. Auf was liefe eine Interpretation, die dieses Künstlertum ernst nimmt, hinaus? Unweigerlich wieder auf weltanschauliche Argumente. Mit Martin Heidegger kann man behaupten, Kunst eröffne *«Weltdimensionen»*. Mozart hätte vielleicht seiner noch weitergehenden These zugestimmt, allein Kunst enthalte *«Wahres»* in dieser Welt. Aber wie gehe ich mit dieser These um, wenn ich in einer Aufführung der «Zauberflöte» zu Beginn des zweiten Akts hintereinander einen in seiner musikalischen Aktion erstaunlich bewegten, individualisierten «Priestermarsch», dann die unkomponierte Szene der Priesterversammlung mit viel Weltanschauungspathos, dann ein schlicht gesungenes Gebet Sarastros und seiner Priester an *«Isis und Osiris»* und zum Schluß dieser Priestermusik-Passage ein Duett *«Bewahret Euch vor Weibertücken»* als eine musikalisch raffinierte Karikatur pfäffischen Gehabes höre? Ich kann mir darauf nur eine Antwort in Form eines Gedankenspiels geben: Mozart habe das damals so aktuelle Problem der Freiheit auf seine, der Freiheitsdichter Friedrich von Schiller auf ganz andere Weise gelöst. Sie hatten kein Verständnis füreinander, Mozart hat Schillers «Räuber» kaum wahrgenommen (eventuell durch Schikaneder). Aber eine berühmte Stelle im 22. Brief *«Über die ästhetische Erziehung des Menschen»* trifft auf die «Zauberflöten»-Passage sehr gut zu: *«Der frivolste Gegenstand muß so behandelt werden, daß wir aufgelegt bleiben, unmittelbar von demselben zu dem strengsten Ernst überzugehen.»* Es sei der *«Probierstein der wahren ästhetischen Güte»*, daß der Zuhörer auch im Sturm der Affekte *«unverletzt»* und in *«hoher Gleichmütigkeit und Freiheit des Geistes»* bleibe. Das traute Schiller der Musik prinzipiell nicht zu. Mozart hat dieses Ziel aber durch das Niveau seiner Musik erreicht, unabhängig von Schillers zielgerichtetem pädagogischen Anspruch und frei von der Gewalt als letzter Antwort in dessen Dramen. Deshalb beharrte Mozart, so meine ich, auf der «scena ultima» nach Don Giovannis Höllenfahrt, auf ein «lieto fine», obgleich in «Così fan tutte» alles Vertrauen in menschliche Beziehungen zuvor verflogen war, und auf die *«Strahlen der Sonne»* für Pamina und Tamino, Papagena und Papageno, nachdem es zuvor hieß *«Hinab mit den Weibern zur Hölle»*.

Zeittafel

Kursiv in Klammern werden die Seitenzahlen im Buch angegeben.

27.1.1756	Geburt von Joannes Chrysostomus Wolfgangus Theophilus Mozart in Salzburg *(11)*
1761/62	Erste öffentliche Auftritte in Salzburg und München *(13)*
18.9.1762–5.1.1763	Erste Familienreise nach Wien *(14)*
9.6.1763–29.11.1755	Große Westreise (Paris, London, Niederlande) *(15)*
11.9.1767–5.1.1769	Reise nach Wien (Komposition der ersten Oper) *(24)*
13.12.1769–Ende März 1771	Erste Italienreise mit dem Vater («Mitridate») *(38)*
13.8.1771–15.12.1771	Zweite Italienreise («Ascanio in Alba») *(45)*
März 1772	Wahl von Hieronymus Graf Colloredo zum Salzburger Fürsterzbischof *(46)*
24.10.1772–13.3.1773	Dritte Italienreise («Lucio Silla») (47)
14.7.1773–26.9.1773	Reise nach Wien mit Vater (48)
1773–1777	Überwiegend im Kreise der Familie in Salzburg als Hofmusiker (49)
6.12.1774–7.3.1775	In München («La finta giardiniera») (53)
3.9.1777–Mitte Januar 1779	Zweite Reise nach Mannheim und Paris mit Mutter (am 3. Juli 1778 stirbt Maria Anna Mozart in Paris) (54)
Anfang 1779–5.11.1780	Wieder in Hofdienst und bei Vater und Schwester in Salzburg *(76)*
5.11.1780–12.3.1781	In München («Idomeneo») (80)
16.3.1781	Mozart trifft in Wien ein *(84)*
Ende Mai/Anfang Juni 1781	Endgültiger Bruch mit seinem Salzburger Dienstherrn, Mozart lebt nun als freier Künstler in Wien (88)
5.8.1782	Verehelichung mit Constanze, geb. Weber (92)
16.7.1782	Uraufführung der «Entführung aus dem Serail» (102)
Ende Juli 1783–27.10.1783	Besuch des Ehepaar Mozart in Salzburg (Aufführung der c-moll-Messe) *(107)*

1784 und 1785	Zeit der größten Konzerterfolge in Wien *(109)*
11.2.1785–25.4.1785	Besuch des Vaters in Wien *(113)*
1.5.1786	Uraufführung von «Le nozze di Figaro» *(114)*
11.1.1787–8.2.1787	In Prag *(117)*
28.5.1787	Tod Leopold Mozarts in Salzburg *(119)*
1.10.1787–13.11.1787	In Prag (Uraufführung des «Don Giovanni») *(120)*
Dezember 1787	Ernennung zum Kammerkomponisteur *(121)*
8.4.1789–4.6.1789	Reise nach Berlin *(124)*
26.1.1790	Uraufführung von «Così fan tutte» *(125)*
20.2.1790	Tod Kaiser Josephs II. *(125)*
23.9.1790–20.11.1790	Reise nach Frankfurt zur Kaiserkrönung Leopolds II. *(128)*
28.8.1791–Mitte September	In Prag (6. September 1791 Uraufführung von «La clemenza di Tito») *(132)*
30.9.1791	Uraufführung der «Zauberflöte» *(133)*
5.12.1791	Tod Mozarts *(135)*

Literaturhinweise

Wolfgang Amadeus Mozart. Neue Ausgabe sämtlicher Werke, Kassel u.a. 1955 ff. (Neue Mozart Ausgabe)

Mozart. Briefe und Aufzeichnungen. Gesamtausgabe, hrsg. v. Wilhelm A. Bauer u. Otto Erich Deutsch, 7 Bde. Kassel u.a. 1962–1975

Mozart. Die Dokumente seines Lebens. Hrsg. von Otto Erich Deutsch, Kassel u.a. 1961; Addenda und Corrigenda, hrsg. von Joseph Heinz Eibl, Kassel u.a. 1978

Köchel, Ludwig Ritter von, Chronologisch-thematisches Werksverzeichnis sämtlicher Tonwerke Wolfgang Amade Mozarts, Leipzig 1862, 6. Aufl. bearb. v. Fr. Giegling, A. Weinmann u. G. Sievers, Wiesbaden 1964

Howard C. Robbins Landon, Das Mozart-Kompendium, Sein Leben, seine Musik, deutsch München 1991

Das Mozart-Lexikon, hrsg. v. Gernot Gruber u. Joachim Brügge, Laaber 2005

Volkmar Braunbehrens, Mozart in Wien, München 1986

Stefan Kunze, Mozarts Opern, Stuttgart 1984

Arnold Werner-Jensen, Reclams Musikführer. Wolfgang Amadeus Mozart, Stuttgart 1989 f.

Gernot Gruber, Mozart und die Nachwelt, Salzburg 1985 (erweitert München 1987)

Personenregister